教育部 财政部职业院校教师素质提高计划职教师资培养资源开发项目

Qiche Jiance Zhenduan Shiyong Jishu

汽车检测诊断实用技术

熊维平 许 平 编著

人民交通出版社股份有限公司
China Communications Press Co.,Ltd.

内 容 提 要

本书为教育部、财政部职业院校教师素质提高计划成果系列丛书。本书采用项目、任务的编写模式，各任务包括学习目标，主要仪器设备的型号和规格，检测工作原理，试验方法、步骤及工作内容，思考题，任务工单六个组成部分；教学内容设置了整车不解体检测和总成部件检测两个项目共三十一个任务；本教材侧重于实操方法的介绍，注重科学性与师范性，知识性与操作性兼顾的原则，采用图文并茂，以图代文等形式直观地呈现教材中课程内涵，突出职教师资培养特色，满足职教师资的教学要求。

本书可用于职教师资车辆工程专业及相关专业教材，也可作为成人高等教育相关课程的教材，还可供汽车修理工、汽车行业工程技术人员阅读参考。

图书在版编目(CIP)数据

汽车检测诊断实用技术/熊维平，许平编著. —北京：人民交通出版社股份有限公司，2016.12

ISBN 978-7-114-13313-8

Ⅰ.①汽… Ⅱ.①熊… ②许… Ⅲ.①汽车—故障检测—师资培训—教材②汽车—故障诊断—师资培训—教材 Ⅳ.①U472.9

中国版本图书馆 CIP 数据核字(2016)第 218190 号

书　　名：汽车检测诊断实用技术
著 作 者：熊维平　许　平
责任编辑：夏　韡　李　良
出版发行：人民交通出版社股份有限公司
地　　址：(100011)北京市朝阳区安定门外外馆斜街 3 号
网　　址：http://www.ccpress.com.cn
销售电话：(010)59757973
总 经 销：人民交通出版社股份有限公司发行部
经　　销：各地新华书店
印　　刷：北京市密东印刷有限公司
开　　本：787×1092　1/16
印　　张：11.25
字　　数：259 千
版　　次：2016 年 12 月　第 1 版
印　　次：2016 年 12 月　第 1 次印刷
书　　号：ISBN 978-7-114-13313-8
定　　价：26.00 元

项目专家指导委员会

出版说明

《国家中长期教育改革和发展规划纲要(2010—2020年)》颁布实施以来,我国职业教育进入到加快构建现代职业教育体系、全面提高技能型人才培养质量的新阶段。加快发展现代职业教育,实现职业教育改革发展新跨越,对职业学校"双师型"教师队伍建设提出了更高的要求。为此,教育部明确提出,要以推动教师专业化为引领,以加强"双师型"教师队伍建设为重点,以创新制度和机制为动力,以完善培养培训体系为保障,以实施素质提高计划为抓手,统筹规划,突出重点,改革创新,狠抓落实,切实提升职业院校教师队伍整体素质和建设水平,加快建成一支师德高尚、素质优良、技艺精湛、结构合理、专兼结合的高素质专业化的"双师型"教师队伍,为建设具有中国特色、世界水平的现代职业教育体系提供强有力的师资保障。

目前,我国共有60余所高校正在开展职教师资培养,但由于教师培养标准的缺失和培养课程资源的匮乏,制约了"双师型"教师培养质量的提高。为完善教师培养标准和课程体系,教育部、财政部在"职业院校教师素质提高计划"框架内专门设置了职教师资培养资源开发项目,中央财政划拨1.5亿元,系统开发用于本科专业职教师资培养标准、培养方案、核心课程和特色教材等系列资源。其中,包括88个专业项目,12个资格考试制度开发等公共项目。该项目由42家开设职业技术师范专业的高等学校牵头,组织近千家科研院所、职业学校、行业企业共同研发,一大批专家学者、优秀校长、一线教师、企业工程技术人员参与其中。

经过三年的努力,培养资源开发项目取得了丰硕成果。一是开发了中等职业学校88个专业(类)职教师资本科培养资源项目,内容包括专业教师标准、专业教师培养标准、评价方案,以及一系列专业课程大纲、主干课程教材及数字化资源;二是取得了6项公共基础研究成果,内容包括职教师资培养模式、国际职教师资培养、教育理论课程、质量保障体系、教学资源中心建设和学习平台开发等;三是完成了18个专业大类职教师资资格标准及认证考试标准开发。上述成果,共计800多本正式出版物。总体来说,培养资源开发项目实现了高效益:形成了一大批资源,填补了相关标准和资源的空白;凝聚了一支研发队伍,强化了教师培养的"校—企—校"协同;引领了一批高校的教学改革,带动了"双师型"教师的专业化培养。职教师资培养资源开发项目是支撑专业化培养的一项系统化、基础性工程，是加强职教教师培养培训一体化建设的关键环节，也是对职教师资培养培训基地教师专业化培养实践、教师教育研究能力的系统检阅。

自2013年项目立项开题以来，各项目承担单位、项目负责人及全体开发人员做了大量深入细致的工作，结合职教教师培养实践，研发出很多填补空白、体现科学性和前瞻性的成果，有力推进了“双师型”教师专门化培养向更深层次发展。同时，专家指导委员会的各位专家以及项目管理办公室的各位同志，克服了许多困难，按照两部对项目开发工作的总体要求，为实施项目管理、研发、检查等投入了大量时间和心血，也为各个项目提供了专业的咨询和指导，有力地保障了项目实施和成果质量。在此，我们一并表示衷心的感谢。

编写委员会
2016年3月

前言

百年大计，教育为本。强国富民，教育为先。职业教育是与基础教育、高等教育和成人教育地位平行的四大教育板块之一，职业教育受益于社会，社会也可受益于职业教育，促进社会发展是职业教育的应有之义和神圣职责。《国家中长期教育改革和发展规划纲要(2010—2020年)》发布之后，职业教育向科学化发展，对中等职业学校教师队伍建设提出了更高的要求。

2012年11月教育部、财政部在“职业院校教师素质提高计划”框架内专门设置了100个培养资源开发项目，系统开发应用于本科专业职教师资培养的专业教师标准、专业教师培养标准、评价方案，以及一系列专业课程大纲、主干课程教材及数字化资源。特色教材《汽车检测诊断实用技术》属于车辆工程专业职教师资培养资源开发项目课题中的子课题。

作为车辆工程专业职教师资培养的重要教学资料，针对学生是未来中职教师这一特点，根据职业教师培养目标和行业人才能力要求，以设计的课程大纲为基础，以岗位需求为依据，按照“项目导向、任务驱动、理实一体”的原则，培养具有技术性、师范性、职业性三性融合一体的专业人才，构建适应车辆工程专业职教师资培养需求的专业教材。

《汽车检测诊断实用技术》教材编写课题组的成员经过深入而广泛的探讨，确定教材通过工作任务分析，建立学习领域。在各学习领域中，以工作项目为载体，以完成工作任务为主要学习方式，组织教学内容。贯彻资讯、计划、决策、实施、检查、评价六步教学法。教材选取本专业职业域中劳动、技术和职业教育三者关系的基本问题并兼顾应用于实践生产过程的新技术，有效促进学生理论知识与实操技能的掌握。

本教材具有以下特点：

(1)强调以知识为基础，以能力为重点，技术性、师范性、职业性三性有机结合。

(2)内容组织和展现形式符合学生认知与技能养成规律，体现以应用为主线。

(3)体现行业需求、职业要求和岗位规范，尤其是紧跟技术更新趋势。

(4)采用了项目、任务的编写模式，以任务为载体，按检测工作原理和方法等要求进行编写，内容涵盖了汽车性能技术参数检测，解体和不解体检测等内容。

本书条理清晰、层次分明、语言简练、图文并茂、内容宽泛、重点突出，简明扼要地反映了现代汽车检测诊断新知识、新技术，是一本具有鲜明特色的实用教材。

本书由广西科技大学熊维平、许平编著，全书项目教材内容由熊维平编写；项目任务工单由许平（柳州第一职业学校）负责编写。本书可用于职教师资车辆工程（职教师资）专业及相关专业的教材，也可作为成人高等教育相关课程的教材，还可供汽车修理工、汽车行业工程技术人员阅读参考。

由于编者水平有限，书中难免出现缺点和错误，敬请广大读者对书中误漏之处予以批评指正。

编　者

2016 年 3 月

目录

项目一　整车不解体检测

任务一　汽车驱动车轮输出功率的检测

一、学习目标

知识目标	技能目标
1. 熟悉实验仪器设备的结构和工作原理； 2. 了解汽车驱动轮输出功率或动力的检测方法	1. 独立、正确地使用汽车底盘测功机，并完成汽车驱动轮输出功率或动力的检测； 2. 进行汽车驱动轮输出功率或动力数据的分析

二、主要仪器设备的型号和规格

(1)DCG-10C 型汽车底盘测功机。

(2)五菱微型车(或其他车型)。

三、检测工作原理

汽车驱动车轮输出功率或驱动力的检测即为通常所说的底盘测功。底盘测功的目的：有时是为了获得驱动车轮的输出功率或驱动力，以便评价汽车的动力性；有时是用获得的驱动车轮的输出功率与发动机飞轮输出的功率进行对比，并求出传动效率，以便判定底盘传动系的技术状况。

底盘测功在滚筒式试验台上进行，该试验台通常称为底盘测功试验台或底盘测功机，其测试工作原理见图 1-1。

图 1-1　滚筒式底盘测功试验台

汽车驱动轮驱动主、副滚筒转动，此时转速传感器将其输出信号送入计算机，经测控系统的处理，测出汽车车速及行驶距离。

汽车驱动轮对测功机滚筒施加切向作用力，经主滚筒、涡流机转子，至涡流机外壳(定子)，最后传至压力传感器上，并将其输出信号送入计算机，经测控系统的处理，测出汽车底盘功率。

四、试验方法、步骤及工作内容

1. 常规测试

(1)车辆准备好后，驶入底盘测功试验台上。试验台若为单轮双滚筒式，则应将被测驱动轮置于两滚筒之间，放下举升平板，并根据需要对车辆进行纵向的约束。

(2)检测发动机额定功率和最大转矩转速下驱动车轮的输出功率或驱动力时，将变速器挂入选定挡位，松开驻车制动器，踩下加速踏板，同时调节测功器制动力矩对滚筒加载，使发动机在节气门全开情况下以额定转速运转。待发动机转速稳定后，读取并打印驱动车轮的输出功率(或驱动力)值、车速值。在节气门全开情况下继续对滚筒加载，至发动机转速降至最大转矩转速稳定运转时，读取并打印驱动车轮的驱动力（或输出功率)值、车速值。

(3)如需测量驱动车轮在变速器不同挡位下的输出功率或驱动力，则要依次挂入每一挡位后，按上述方法进行检测。当发动机发出额定功率，挂直接挡，可测得驱动车轮的最大输出功率；当发动机发出最大转矩，挂1挡，可测得驱动车轮的最大驱动力。

(4)发动机全负荷选定车速下驱动车轮输出功率或驱动力的检测，是在踩下加速踏板的同时，调节测功器制动力矩对滚筒加载，使发动机在节气门全开情况下以选定的车速稳定运转进行的。发动机部分负荷选定车速下驱动车轮输出功率或驱动力的检测与此相同，只不过发动机是在选定的部分负荷下工作的。

2. 程序功率特性测试步骤

(1)接通主控计算机、空气压缩机电源。

(2)将汽车驶入底盘测功试验台，使其驱动车轮刚好停在举升器的中间，车停稳后不用拉起驻车制动器。

(3)运行“底盘测功”程序，进入“主窗口”界面，见图1-2。

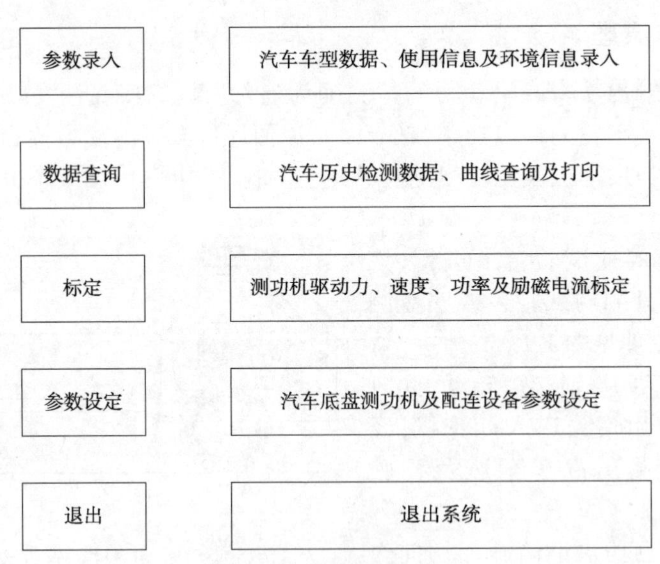

图1-2 主窗口界面

(4)点击“参数录入”功能按钮，进入“参数录入”界面，见图1-3。

(5)点击“选择车型”功能按钮，进入“选择汽车型号”界面。在“选择汽车型号”栏里点击相应的汽车型号(如五菱LZW1010)，见图1-4。

(6)在“选择车型”对话框里，点击“返回”功能按钮，返回“参数录入”界面。

(7)在“参数录入”界面的各对话框里，填写或选择相关参数与项目。

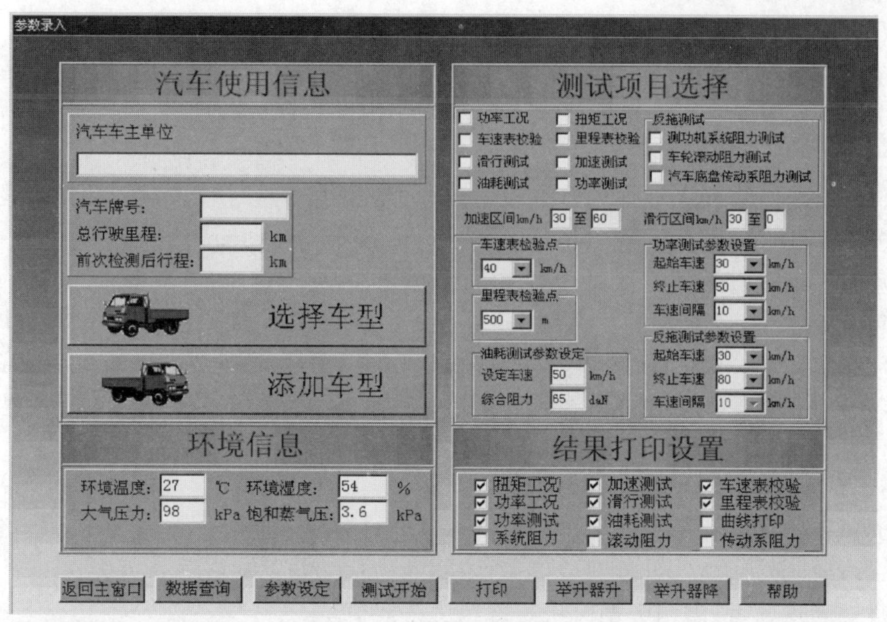

图 1-3　参数录入界面

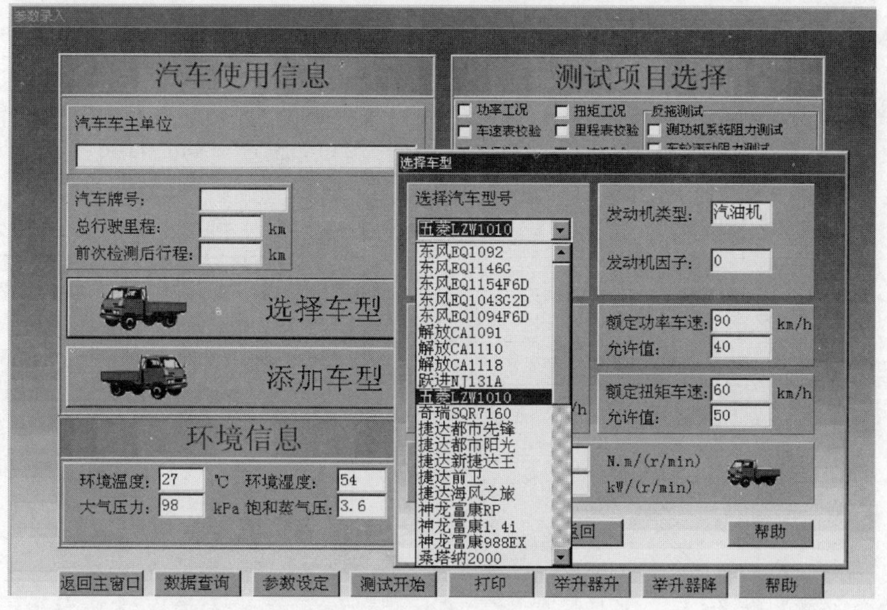

图 1-4　选择汽车型号栏

①“汽车使用信息”对话框里，分别在“汽车车主单位”栏填写单位名称、“汽车牌号”栏填写车牌号、“总行驶里程”栏填写里程数、“前次检测后行程”栏填写里程数。

②“测试项目选择”对话框里，点击“功率测试”的小窗口为“√”，“功率测试参数设置”的“起始车速”栏填写“20km/h”、“终止车速”栏填写“90km/h”、“车速间隔”栏填写“10km/h”，可根据需要选择填写其他数值。

③“结果打印设置”对话框里，点击“功率测试”的小窗口为“√”。

(8)在“参数录入”界面的各对话框里,点击“测试开始”功能按钮。

(9)举升器自动下降,驱动车轮刚好落至两个滚筒之间,车辆停稳后,此时用三角木塞稳前轮(或系拉好安全带),防止汽车在实验过程中跑出试验台。

(10)启动散热系统(大型风机),从车辆头部吹风,对车辆进行强制散热。

(11)起动发动机,换挡并踩加速踏板使汽车加速行驶,此时进入自动测试过程,测试点分别为20km/h、30km/h、40km/h、50km/h、60km/h、70km/h、80km/h、90km/h。

(12)测试结束后,举升器自动升起,屏幕显示试验结果。

(13)在“参数录入”界面的各对话框里,点击“打印”功能按钮,可打印试验数据。

(14)在“参数录入”界面,点击“返回主窗口”功能按钮,可返回“主窗口”界面。

(15)在“主窗口”界面,点击“退出”功能按钮,可退出。

(16)测试完毕,将汽车驶出试验台。

3. 注意事项

(1)人不允许进入测试线内,测试中,汽车的前、后均严禁站人或通行。

(2)车辆轮胎气压应达到规定值,清除轮胎上的水、油、泥和嵌夹石子。

(3)汽车的正前方,需用大型风机对汽车进行散热。

(4)汽车驱动车轮输出功率的检测也可和汽车滑行距离的检测、车速表的检测在“测试项目选择”对话框里同时选择,然后由计算机程序控制完成。

4. 绘制驱动车轮输出功率特性曲线

(1)列出相关试验数据表。

(2)根据数据表绘制特性曲线。特性曲线可用Excel 2003、Visual Basic、C语言等软件来完成。某汽车驱动车轮输出功率测试数据见表1-1,其所对应的特性曲线见图1-5。

某汽车驱动车轮输出功率测试数据　　表1-1

车速(km/h)	20	30	40	50	60	70	80	90
功率(kW)	4.5	7.5	10.5	12.8	14.9	16.5	17.6	18.1
驱动力(N)	810	900	945	922	894	849	792	724

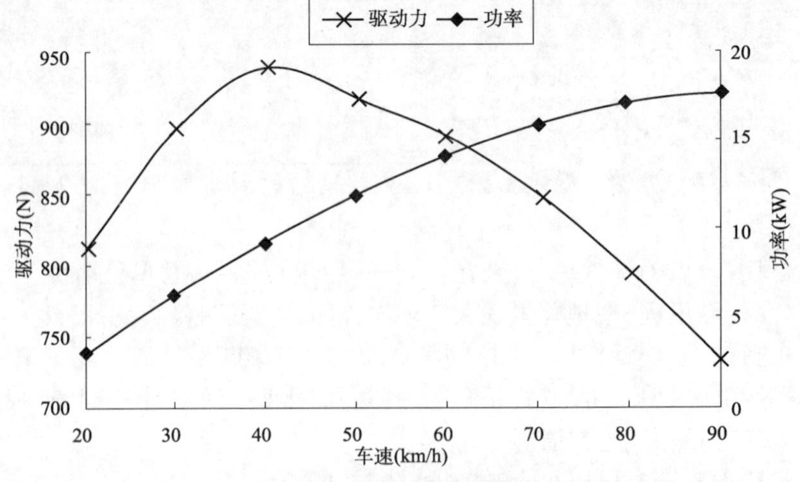

图1-5　某汽车驱动车轮输出功率特性曲线

五、思考题

(1)为何测试出的最大功率小于汽车标称的额定功率?

(2)求出该车的传动效率。

六、任务工单

任务一 汽车驱动车轮输出功率的检测工作页

专业______ 班级______ 姓名______ 学号______ 组成员______ 日期______

<table>
<tr><td>学习情景</td><td colspan="5">整车不解体检测</td><td>考核成绩</td><td></td></tr>
<tr><td>工作任务</td><td colspan="7">(1)知识目标:汽车驱动车轮输出功率检测目的与意义。
(2)技能目标:汽车驱动车轮输出功率检测的方法</td></tr>
<tr><td>工具准备</td><td colspan="7">(1)DCG-10C 型汽车底盘测功机。
(2)五菱微型车(或其他车型)</td></tr>
<tr><td>资料收集</td><td colspan="7"></td></tr>
<tr><td>技术方案</td><td colspan="7">(小组讨论检测流程,并简要说明)

(内容多可写背纸或附纸填写)</td></tr>
<tr><td rowspan="2">工作安排</td><td>工作项目</td><td>组织实施及安全负责人</td><td>资料收集与记录员</td><td>检测设备负责人</td><td>被测设备负责人</td><td colspan="2">检测场地负责人</td></tr>
<tr><td>组员分工</td><td></td><td></td><td></td><td></td><td colspan="2"></td></tr>
<tr><td>实施步骤</td><td colspan="7">(内容多可写背纸或附纸填写)</td></tr>
<tr><td>资料记录</td><td colspan="7">(内容多可写背纸或附纸填写)</td></tr>
<tr><td>小组实训总结</td><td colspan="7">(内容多可写背纸或附纸填写)</td></tr>
</table>

实训指导教师______ 日期______

任务二　发动机无载荷测功检测

一、学习目标

知识目标	技能目标
1. 熟悉发动机综合分析仪的结构和工作原理； 2. 了解汽车驱动轮输出功率或动力的检测方法	1. 正确使用发动机综合分析仪； 2. 独立完成发动机综合分析仪数据的分析

二、主要仪器设备的型号和规格

(1)金德 K100A 发动机分析仪。

(2)五菱微型车(或电控发动机台架)。

(3)常用工具一套。

三、检测工作原理

发动机的有效功率是曲轴对外输出的功率,是一个综合性评价指标。通过该指标可以定性地确定发动机的技术状况,并定量地获得发动机的动力性数据。检测发动机有效功率的方法分为稳态测功(又称负荷测功)和动态测功(又称无负荷测功)两种。

负荷测功的结果比较准确可靠,但该方法测功需要大型、固定安装的测功器,费时费力,成本较高,故多用于发动机设计、制造及院校和科研部门做性能试验。

无负荷测功的测量原理是基于一种动力学方法。该方法通过测量发动机的瞬间角加速度或加速时间,并经过公式计算,从而间接获取发动机功率数值。

无负荷测功的基本方法是:当发动机在怠速或处于空载某一低速下运转时,突然全开节气门,使发动机克服惯性和内部阻力,加速运转,并用其加速性能的好坏直接反映最大功率的大小。因此,只要测出加速过程中的某一参数,就可得出相应的最大功率。由于动态测功时不加负荷,又不需要大型设备,既可以在台架上进行,也可以就车进行,因而具有检测高效性和方便性的优点。

测平均加速功率的公式如下:

$$P_{eav}=\frac{K\pi I}{9550\times 60}(n_2^2-n_1^2)\frac{1}{t}$$

式中:P_{eav}——平均有效功率,kW;

n_1、n_2——发动机加速过程测定区间的起始转速和终止转速,r/min;

t——加速时间,s;

I——发动机运动机件对曲轴中心线的当量转动惯量,$kg\cdot m^2$;

K——修正系数。

上式表明,平均加速功率与加速时间成反比。即节气门突然全开时,发动机由转速 n_1 加速到 n_2 的时间越长,表明发动机的有效功率越小;反之加速时间越短,有效功率越大。

金德 K100A 汽车发动机分析仪具有发动机无载荷测功的检测功能,其能在发动机无须外载荷和汽车无须解体的状况下，检测出发动机的功率，为发动机是否需要进行维修提供重要的技术参数。注意：显示的功率不是该发动机的实际功率，而是比较功率；测量的结果只能作为维修前后的功率对比；测试同台发动机时，转动惯量、起始转速及终止转速应相同。

四、试验方法、步骤及工作内容

1. 测试系统的连接

1缸信号夹一端接K100A的CH5端口，信号夹夹住发动机1缸的高压线，注意查看信号夹上的“此面朝向火花塞”标识，注意不要夹反。系统连接见图1-6。

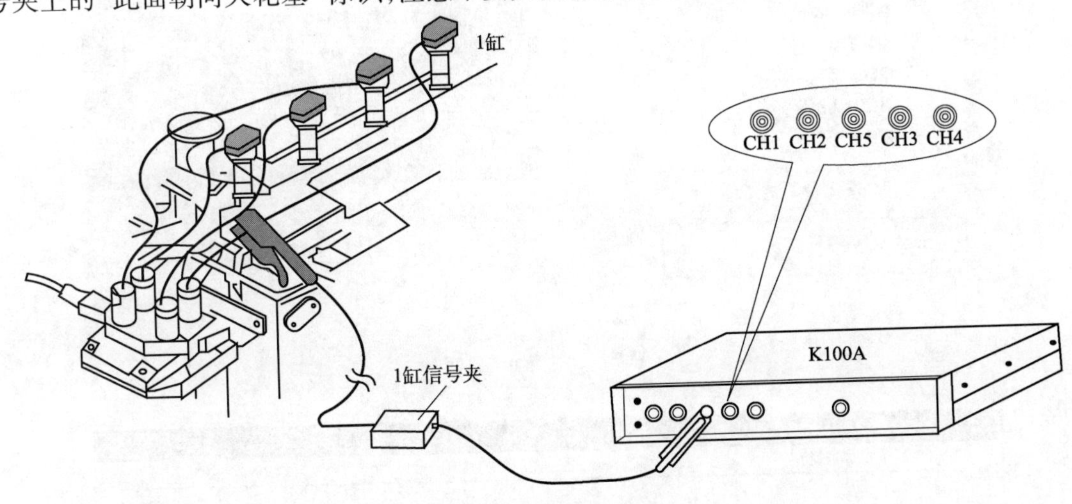

图1-6 实验系统的连接

2. 测试条件

发动机预热至正常工作温度，怠速运行开始测试。

3. 测试步骤

(1)接通金德K100A发动机分析仪电源，经过自检后，进入操作系统。

(2)在电脑桌面点击“K100A发动机分析仪”，进入软件的主菜单界面，见图1-7。

(3)在主菜单界面下选择点击“无负载测功”，将进入“无负载测功”界面，见图1-8。

(4)在“无负载测功”界面，点击“参数设置”按钮，将进入“参数设置”界面，见图1-9。

①设置转动惯量，转动惯量需根据具体的发动机来设置。

②设置初始转速，其值应高于该发动机怠速转速。

③设置终止转速，其值低于该发动机的最高转速。

④设置汽车类型，根据所测试的汽车发动机类型设置。

⑤参数设置好后按“确定”按钮，返回“无负载测功”界面。

(5)将发动机处于怠速(800r/min左右)下稳定运行。

(6)在“无负载测功”界面，按下“开始测功”按钮后，将加速踏板猛踩到底，到达最高转速后，立即松开加速踏板。测功结束，系统将自动在“无负载测功”界面显示出加速时间(ms)和平均加速功率(kW)的测量数据。

(7)无负载测功测试完毕之后，点击“打印”按钮，打印检测结果。

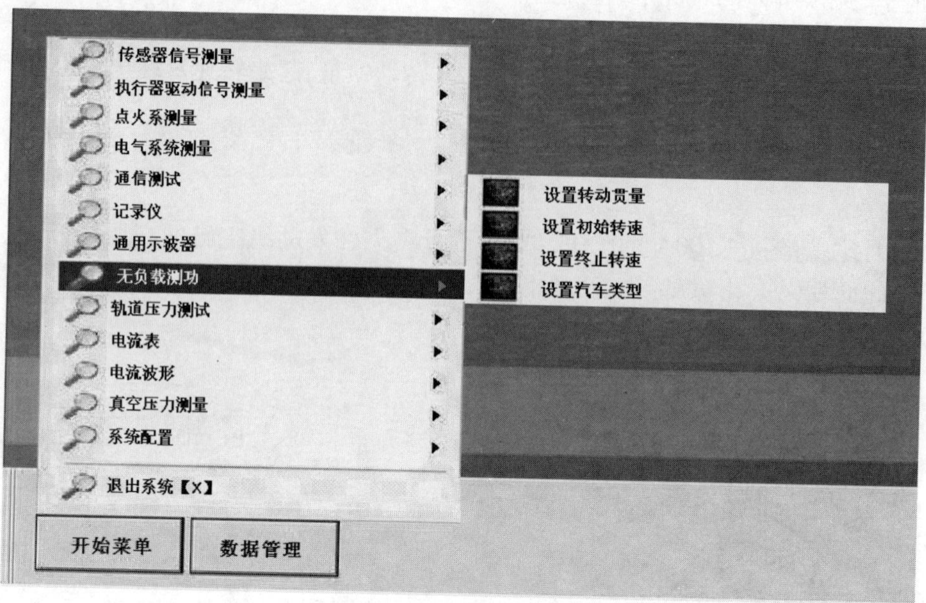

图 1-7 “主菜单”界面

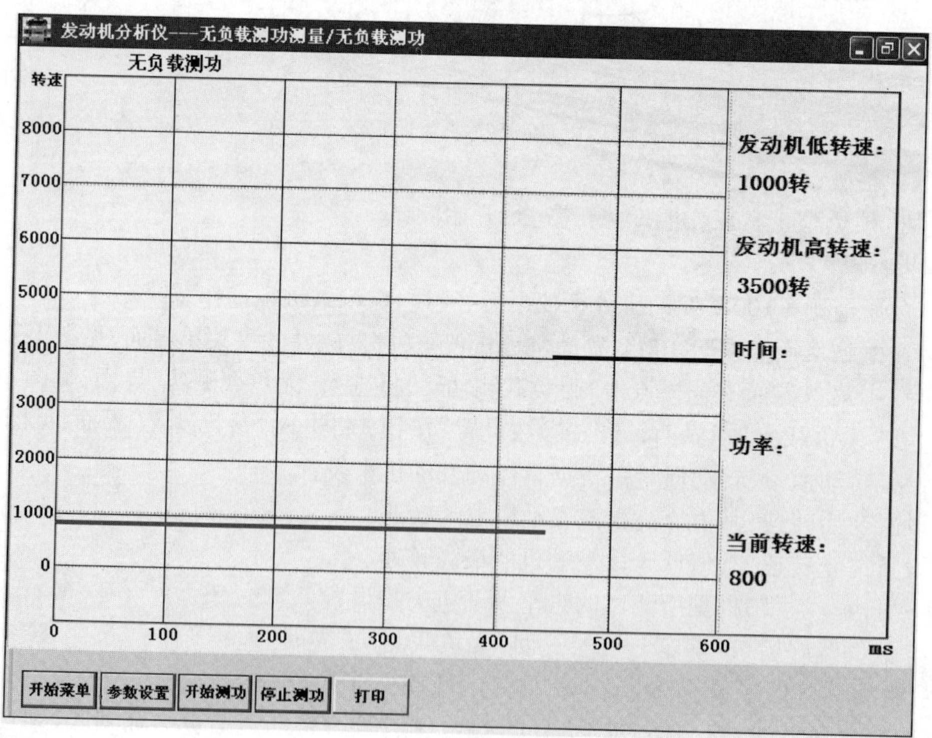

图 1-8 “无负载测功”界面

（注：图中转为 r/min）

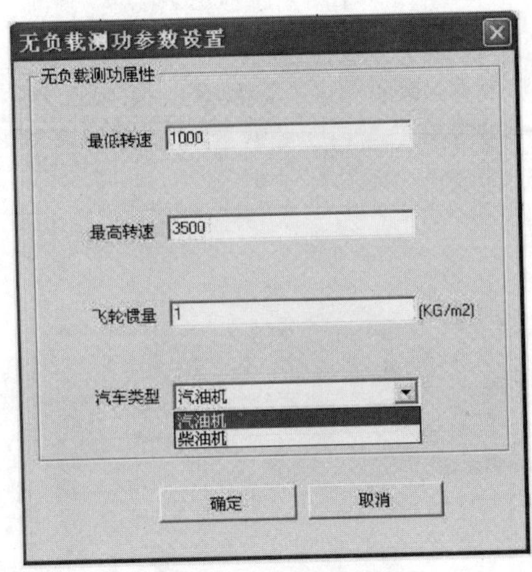

图 1-9　“参数设置”界面
（注：图中 KG/m2 为 kg/m^2）

4. 做好现场记录

应注意安全，小心电击。爱护仪器设备。操作完毕后，须切断电源，拆出连线，整理好设备仪器。

五、思考题

(1)采用无负载测功所检测的功率是不是该发动机的实际功率？是测平均加速功率还是测瞬时加速功率？

(2)负荷测功和无负载测功有什么区别？

六、任务工单

任务二　发动机无载荷测功检测工作页

专业______　班级______　姓名______　学号________　组成员______________　日期________

学习情景	整车不解体检测	考核成绩	
工作任务	(1)知识目标：熟悉发动机综合分析仪的结构和工作原理。 (2)技能目标：正确使用发动机综合分析仪；独立完成发动机综合分析仪数据分析		
工具准备	(1)金德 K100A 发动机分析仪。 (2)五菱微型车(或电控发动机台架)。 (3)常用工具一套		
资料收集			
技术方案	(小组讨论检测流程，并简要说明) (内容多可写背纸或附纸填写)		

续上表

<table>
<tr><td rowspan="2">工作安排</td><td>工作项目</td><td>组织实施及安全负责人</td><td>资料收集与记录员</td><td>检测设备负责人</td><td>被测设备负责人</td><td>检测场地负责人</td></tr>
<tr><td>组员分工</td><td></td><td></td><td></td><td></td><td></td></tr>
<tr><td>实施步骤</td><td colspan="6">（内容多可写背纸或附纸填写）</td></tr>
<tr><td>资料记录</td><td colspan="6">（内容多可写背纸或附纸填写）</td></tr>
<tr><td>小组实训总结</td><td colspan="6">（内容多可写背纸或附纸填写）</td></tr>
</table>

实训指导教师＿＿＿＿＿＿　日期＿＿＿＿＿＿

任务三　点火波形的检测

一、学习目标

知识目标	技能目标
1. 熟悉发动机综合分析仪的结构和工作原理； 2. 了解汽车点火波形数据与发动机性能之间的关系	1. 正确使用发动机综合分析仪； 2. 独立完成发动机综合分析仪点火波形的分析

二、主要仪器设备的型号和规格

（1）金德 K100A 发动机分析仪。

（2）五菱微车（或电控发动机台架）。

（3）常用工具一套。

三、检测工作原理

金德 K100A 汽车发动机分析仪具有汽车专用示波器功能，其可利用示波器观察点火系高压波形的变化来分析判断点火系工作是否正常，这是一种较为先进的方法。发动机点火过程有三类波形：平列波、重叠波和高压波。根据这些波形就可对点火系工作情况进行分析判断。

在检测的时候，我们一般根据点火系统的不同分成三类：传统点火、直接点火和双头点火。传统点火一般指的是分电器点火，一般老款的国产车都采用这种方式；直接点火一般指的是一个汽缸对应一个点火线圈的点火方式，在一些高档轿车上经常被使用；双头点火指的是一个点火线圈对两个汽缸同时点火，这种点火方式目前比较常见。

本检测主要是对双头点火（同时点火）电控发动机的点火波形进行检测。通过对点火次级波形的分析可以有效地检查车辆行驶性能并分析排放问题产生的原因，一般情况下，该波形主要是用来检查火花塞高压线是否有短路或者开路现象、火花塞是否由于积炭而引起点火不良。点火的次级波形还受到不同发动机、燃油供给系统、进气系统和点火条件的影响，所以还能根据点火次级波形有效地检测出发动机机械部件、燃油供给系统部件及点火系统部件的故障。

四、试验方法、步骤及工作内容

1. 系统的连接

1 缸信号夹一端接 K100A 的 CH5 端口，信号夹夹住发动机 1 缸的高压线，注意查看信号夹上的“此面朝向火花塞”标识，注意不要夹反；查看点火线圈的极性，假设一侧是正，那么另一侧肯定为负，相同侧的极性相同，共用同一个容性感应夹，连接方法见图 1-10。

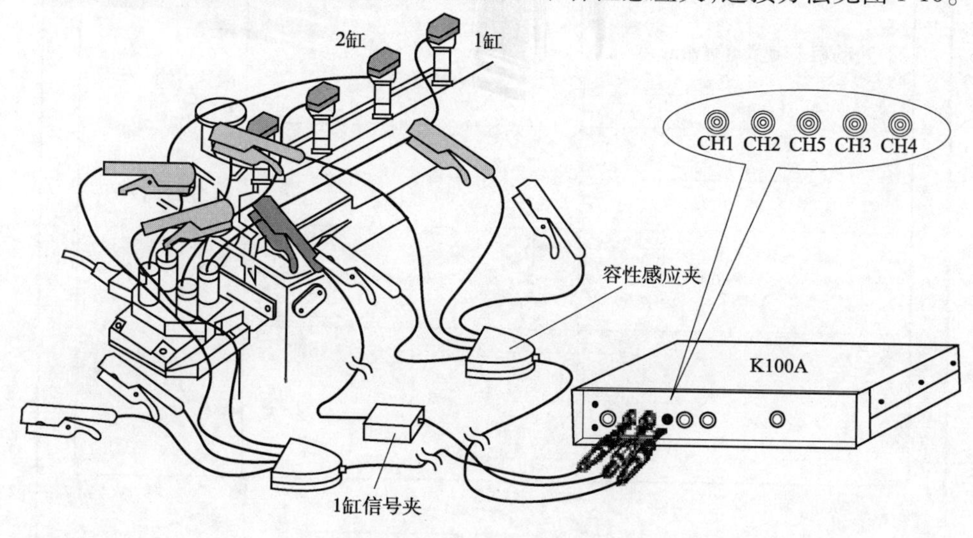

图 1-10　实验系统的连接

2. 测试条件

将转速调至 600 r/min、2000 r/min，并测试点火次级波形。

3. 测试步骤

(1) 接通金德 K100A 发动机分析仪电源，经过自检后，进入操作系统。

(2) 在电脑桌面上点击“K100A 发动机分析仪”，进入软件的主菜单界面，见图 1-11。

(3) 在主菜单下选择点击“点火系统测量”，其将在右边展开点火系统测量列表。

(4) 选择点击“次级点火”，进入次级点火界面，见图 1-12。

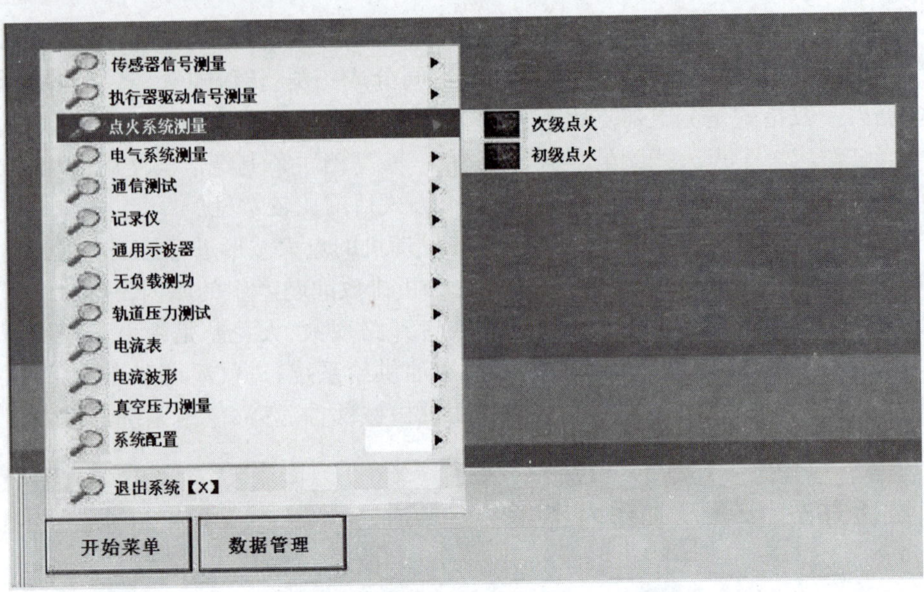

图 1-11　主菜单界面

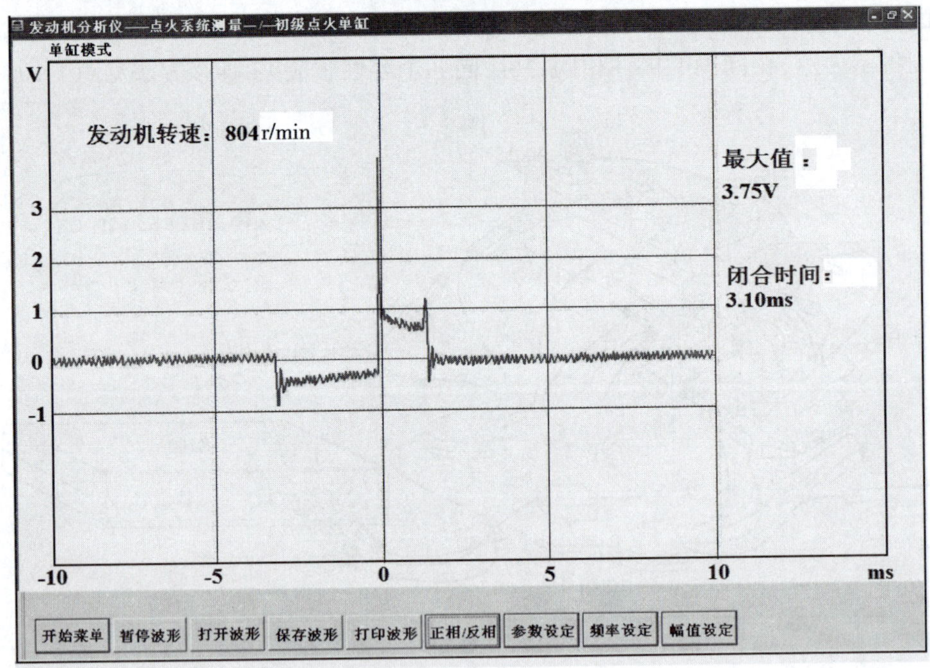

图 1-12　次级点火界面

①【暂停波形】键：暂停当前显示的波形。在采集完一屏完整的波形后点击此按钮，波形将停止采集数据，停止在当前采集的波形。

②【打开波形】键：点击功能菜单上的打开波形按钮将弹出打开波形窗口，选择需要打开的波形，程序将打开所保存的波形。打开界面见图 1-13。

③【保存波形】键：点击功能菜单上的保存波形按钮将弹出保存波形窗口，输入文件名，程序将保存的波形数据。保存波形界面见图 1-14。

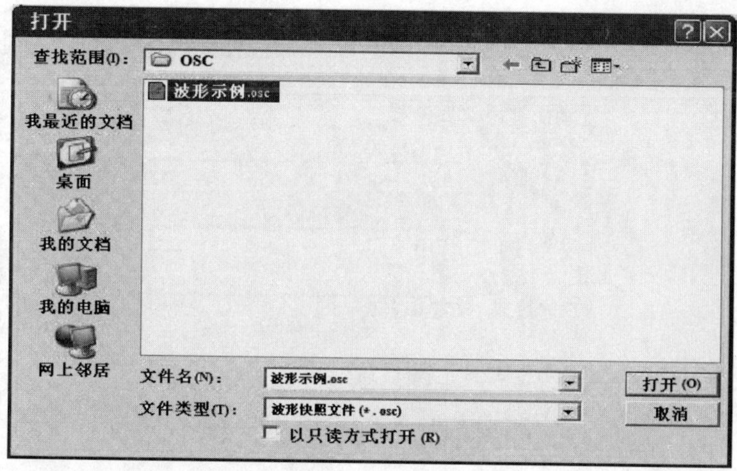

图 1-13　打开界面

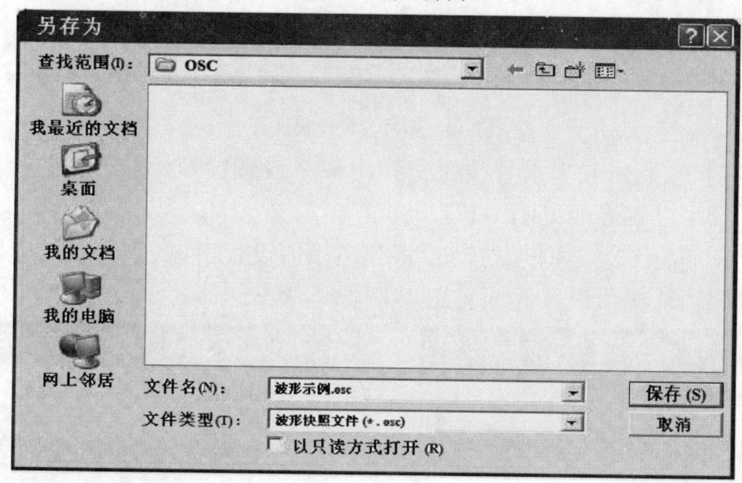

图 1-14　保存波形界面

④【打印波形】键:点击功能菜单上的打印波形按钮将弹出打印波形窗口,点击打印按钮,程序将从系统默认的打印机上打印数据。

⑤【参数设置】键:选择参数设置,设置好点火参数,参数设置界面见图 1-15、图 1-16。

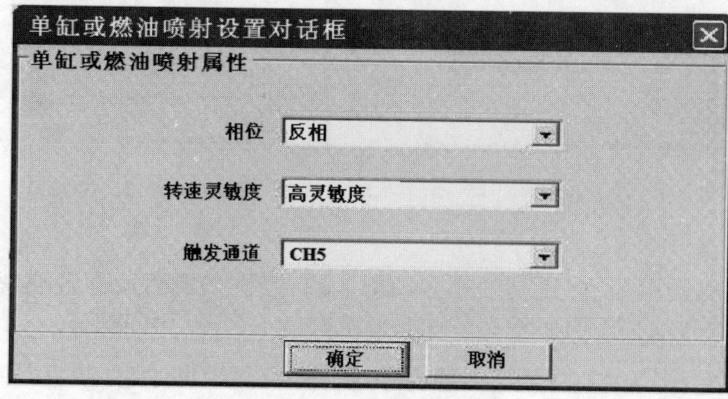

图 1-15　单缸参数设置界面

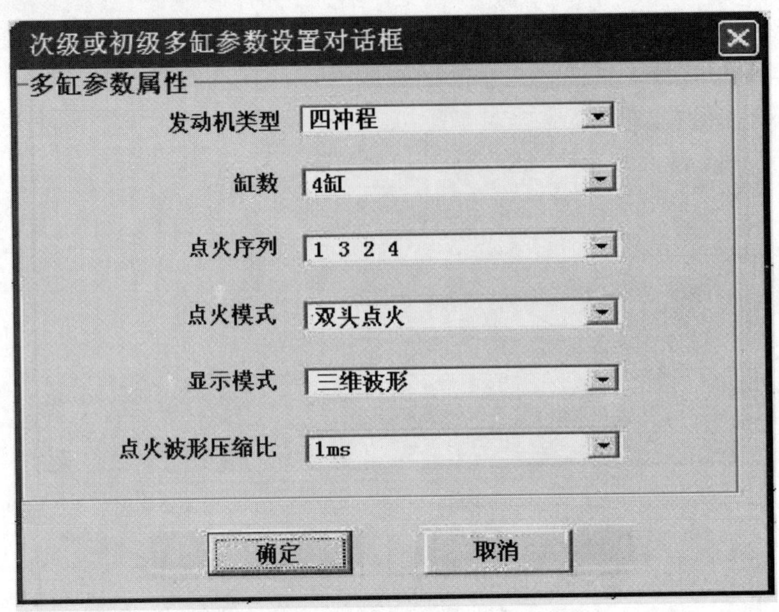

图1-16　多缸参数设置界面

⑥【频率设置】键:点击频率设置按钮将弹出频率设置窗口,双击或是选择后按确定键,设置采样频率。频率设置界面见图1-17。

⑦【幅值设置】键:点击幅值设置按钮,将弹出幅值设置窗口,双击或是选择后按确定键,设置当前通道的幅值。幅值设置界面见图1-18。

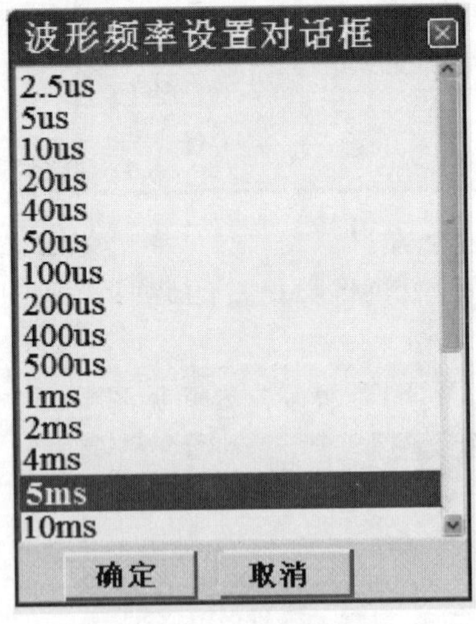

图1-17　频率设置界面

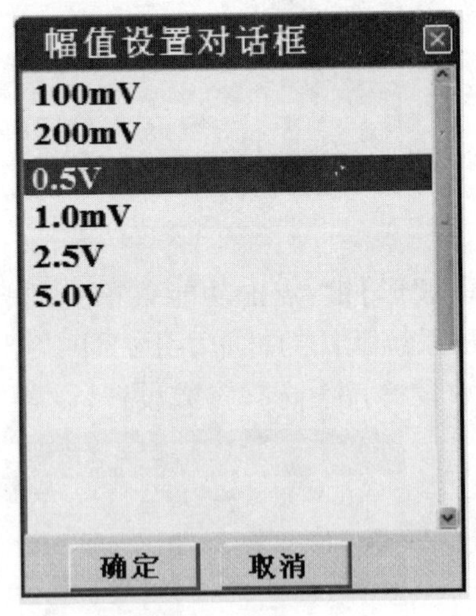

图1-18　幅值设置界面

(5)波形分析。

观察各缸点火击穿峰值电压高度是否相对一致,当发动机负荷和转速变化时闭合角的变化情况。点火次级波形分为三个部分:闭合部分、点火部分、中间部分。

闭合部分:此段时间是三极管导通或者断电触点接合时间,应保持波形下降沿一致,表示各缸闭合角相同以及点火正时正确。

点火部分:由一条点火线和一条火花线(燃烧线)组成,点火线是一条垂直线,代表的是击穿电压,火花线则是一条近似水平的线,代表维持电流通过火花塞间隙所需的电压。

中间部分:显示点火线圈中通过初级和次级的振荡来耗散剩余的能量,一般最少2个振荡波。次级点火的特征波形见图1-19。

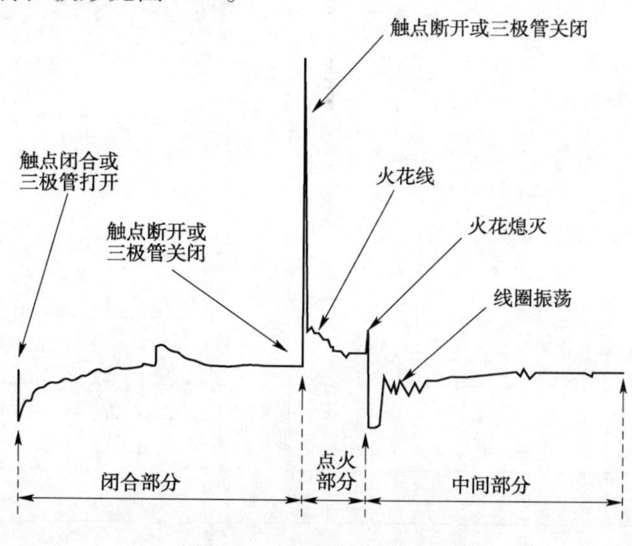

图1-19　次级点火的特征波形

4.做好现场记录

做实验时应注意安全,小心电击。爱护仪器设备。实验完毕,切断电源,拆出连线,整理好设备仪器。

五、思考题

(1)发动机转速与提前角、闭合角和闭合时间的关系是什么?

(2)有触点点火系统与无触点点火系统各有何特点?

(3)发动机的转速、缸数是否会影响点火能量?为什么?

六、任务工单

任务三　点火波形的检测工作页

专业______　班级______　姓名______　学号________　组成员________________　日期______

学习情景	整车不解体检测	考核成绩	
工作任务	(1)知识目标:熟悉发动机综合分析仪的结构和工作原理;了解汽车点火波形数据与发动机性能之间的关系。 (2)技能目标:正确使用发动机综合分析仪;独立完成发动机综合分析仪点火波形的分析		
工具准备	(1)金德K100A发动机分析仪。 (2)五菱微型车(或电控发动机台架)。 (3)常用工具一套		

续上表

<table>
<tr><td>资料收集</td><td colspan="6"></td></tr>
<tr><td>技术方案</td><td colspan="6">（小组讨论检测流程，并简要说明）

（内容多可写背纸或附纸填写）</td></tr>
<tr><td rowspan="2">工作安排</td><td>工作项目</td><td>组织实施及安全负责人</td><td>资料收集与记录员</td><td>检测设备负责人</td><td>被测设备负责人</td><td>检测场地负责人</td></tr>
<tr><td>组员分工</td><td></td><td></td><td></td><td></td><td></td></tr>
<tr><td>实施步骤</td><td colspan="6">（内容多可写背纸或附纸填写）</td></tr>
<tr><td>资料记录</td><td colspan="6">（内容多可写背纸或附纸填写）</td></tr>
<tr><td>小组实训总结</td><td colspan="6">（内容多可写背纸或附纸填写）</td></tr>
</table>

实训指导教师＿＿＿＿＿＿　　日期＿＿＿＿＿＿

任务四　汽车道路性能测试

一、学习目标

知识目标	技能目标
1. 掌握汽车道路性能测试设备的结构及工作原理； 2. 掌握汽车道路性能测试的方法	1. 根据汽车道路加速测试结果正确分析汽车制动性能； 2. 根据汽车道路加速测试结果正确分析汽车动力性能； 3. 根据汽车道路加速测试结果正确分析汽车燃油经济性能

二、主要仪器设备的型号和规格

(1)CTM-4 汽车拖拉机综合测试仪(俗称第五轮仪)。

速度分辨率	距离分辨率	时间分辨率	油耗流量分辨率
1km/h	0.01m	1ms	0.1mL

(2)东风 6630 轻型客车(柴油车)。

最高车速	额定载客量	车总质量
90km/h	19 人	4350kg

三、检测工作原理

1. 第五轮仪工作原理

第五轮仪是用于汽车道路试验的一种常用仪器。试验时,它安装在汽车的尾部或侧面的适当位置,用一个轮子接触路面,好像是汽车的第五个车轮,所以叫作第五轮仪。试验中,它可以准确地测定汽车行驶的距离并计算出车速。因此,常用于汽车加速性能试验、滑行试验,配合燃油流量传感器或制动传感器还能进行燃油经济性和制动性能试验。

测距传感器由外周长设定的测量轮(第五轮)和电脉冲发生器组成。测量轮每转动一个角度,脉冲发生器就产生一个电脉冲信号,这个角度大小与测量轮滚动的周长相对应,保证测量轮每行驶一定距离(1cm),脉冲发生器就输出一个脉冲信号。计算机进而对这些脉冲信号进行计算得出行驶距离。通过晶振时对这些脉冲信号进行定时采样,经计算就可得出行驶速度值。五轮传感器部分结构示意图见图 1-20。

2. 汽车加速性能测试

测试条件符合“一般测试条件”的规定:检查汽车在加速踏板踩到底时,节气门能否全开(或喷油量能否达到最大);汽车按额定载质量装载。

(1)汽车原地起步连续换挡加速测试。

汽车停在加速试验起点,从起步开始,以选择最佳的换挡车速迅速地换挡,换挡后立刻节气门全开,直到最高挡,加速到 80% 最高车速(注:由于测试环境条件限制,只允许加速到 40km/h)。用汽车拖拉机综合测试仪记录整个加速过程,试验往返进行各一次。在进行往返试验时,应在同一路段上完成。

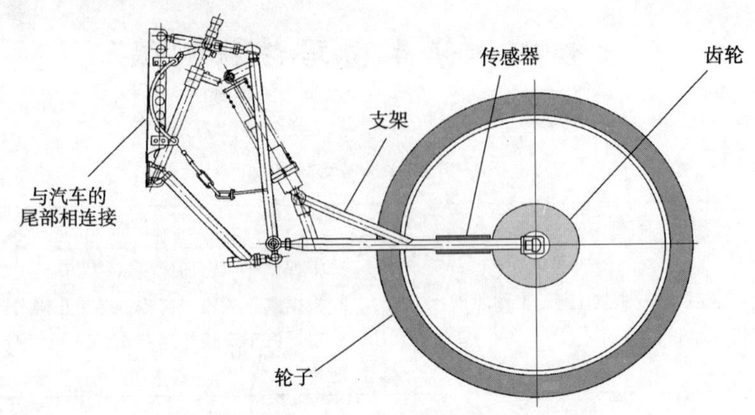

图 1-20　五轮传感器部分结构示意图

(2)汽车直接挡的加速性能测试。

汽车以稍高于直接挡的最小稳定车速为初速度，一般在 10km/h、15km/h、20km/h、25km/h 中选择一个。行至试验段起点时，急速将加速踏板踩到底，加速至该挡最高车速的 80%（注：由于测试环境条件限制，由初速度 20km/h 加速到 40km/h)，用汽车拖拉机综合测试仪记录整个加速过程，试验往返进行各一次。在进行往返试验时，应在同一路段上完成。

3. 制动性能测试

除“一般测试条件”规定外，汽车的轴荷应符合规定：货物应加以固定；制动系不应有任何泄漏现象；制动液应符合规定。

选择平坦、干燥、清洁的硬路面直线跑道，纵坡不大于 1%，选择 50m 试验区段，两端各 50m 为测初速区段。

试验时，汽车初始速度为 20km/h，汽车以预定的初始速度稳定行驶，汽车行至试验区，按试验员口令，以最大减速度制动至停车。制动时，离合器分离或变速器置空挡。用汽车拖拉机综合测试仪记录整个制动过程，通过打印机打印出制动的初速度、减速点、制动时间、制动距离。试验往返进行各一次。在进行往返试验时，应在同一路段上完成，制动距离中不计驾驶员反映时间。

4. 等速燃料消耗测试

汽车用最高挡等速行驶，车速从该挡最小稳定车速开始，直至该挡最高车速的 80%，至少测定五个车速点（注：由于测试环境条件限制，只测定 20km/h、30km/h、40km/h、50km/h 车速下的数据)。通过 500m 测量段（注：由于测试环境条件限制，测量段为 400m)，测定通过时间和所消耗的燃油量，每种车速往返各试验一次。用汽车拖拉机综合测试仪记录整个试验过程。在进行每种车速往返试验时，应在同一路段上完成，每种往返车速的误差不得超过 ±2km/h。

四、试验方法、步骤及工作内容

1. 汽车加速性能测试

1)测试系统连接

将五轮传感器与汽车拖拉机综合测试仪用电缆线连接起来，测试系统的连接如图 1-21 所示。

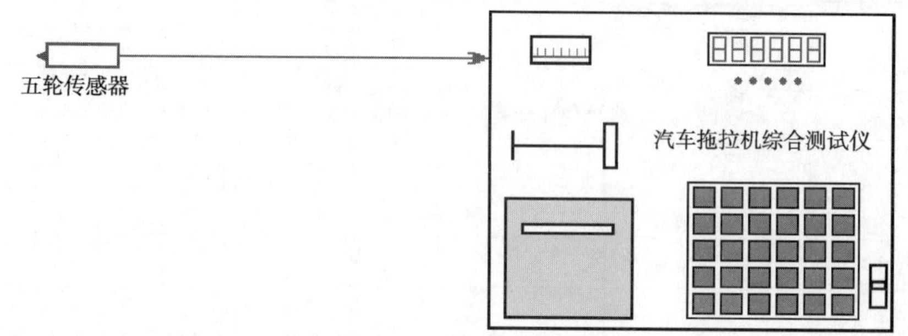

图 1-21　测试系统连接

2）汽车拖拉机综合测试仪（第五轮仪）的操作

（1）换挡加速试验。

①开机（或按“复位”键）。

②按“加速试验”键。

③按“7”键：键入“010000”（五轮传感器校正系数为 1 时）。

④按“A”键：键入“40”（表示末速度为 40km/h）。

⑤按“B”键：键入“00”（表示初速为 0km/h）。

⑥按“C”键：键入“05”（表示每隔 5km/h 计数一次）。

⑦按“执行”键，进入准备状态。

⑧再按“执行”键，进入测量状态。

操作键盘见图 1-22。试验完成，自行打印试验结果。

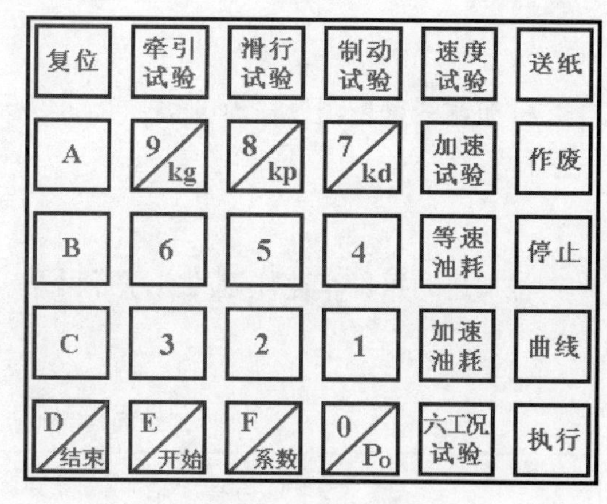

图 1-22　操作键盘

（2）直接挡加速试验（四挡）。

①开机（或按“复位”键）。

②按“加速试验”键。

③按“7”键，键入“010000”（五轮传感器校正系数为 1 时）。

④按“A”键，键入“40”（表示末速度为 40 km/h）。

⑤按“B”键，键入“20”（表示初速为 20 km/h）。

⑥按“C”键，键入“05”（表示每隔 5km/h 计数一次）。

⑦按“执行”键，进入准备状态。

⑧再按“执行”键，进入测量状态。

3）数据记录

在专用实验表格（表 1-2）上记录日期、实验时间、地点、实验人、气温、相对干湿度、大气压力、汽车型号、燃油牌号、相关实验数据等。

加速测试数据记录表 表 1-2

汽车型号__________ 汽车总重__________ 燃油牌号__________
试验日期__________ 试验地点__________ 路面状况__________
风向__________ 风速__________ 天气__________ 气温__________

行驶方向	原地起步连续换挡加速到下列各车速(km/h)的时间 t(s)和行程 S(m)																	
	km/h		km/h		km/h		km/h		km/h		km/h		km/h		km/h		km/h	
	t	S	t	S	t	S	t	S	t	S	t	S	t	S	t	S	t	S
行驶方向	直接挡加速到下列各车速(km/h)的时间 t(s)和行程 S(m)																	
	km/h		km/h		km/h		km/h		km/h		km/h		km/h		km/h			
	t	S	t	S	t	S	t	S	t	S	t	S	t	S	t	S	t	S

4)求各加速点的平均值并绘制加速性能曲线

(1)求各等速点的平均值(表 1-3、表 1-4)。

将每种车速往返的实际车速 v_1、v_2 按公式求出该种车速的平均车速 v。

$$v=\frac{v_1+v_2}{2}$$

将加速到每种车速往返的实际时间 t_1、t_2,按公式求出加速到该种车速的平均时间 t。

$$t=\frac{t_1+t_2}{2}$$

将加速到每种车速往返的实际行程 S_1、S_2,按公式求出加速到该种车速的平均行程 S。

$$S=\frac{S_1+S_2}{2}$$

连续换挡等速点的平均值数据记录表 表 1-3

原地起步连续换挡加速到下列各车速(km/h)的时间 t(s)和行程 S(m) $t=\frac{t_1+t_2}{2}; S=\frac{S_1+S_2}{2}$																	
km/h		km/h		km/h		km/h		km/h		km/h		km/h		km/h		km/h	
t	S	t	S	t	S	t	S	t	S	t	S	t	S	t	S	t	S

直接挡等速点的平均值数据记录表 表 1-4

直接挡加速到下列各车速(km/h)的时间 t(s)和行程 S(m) $t=\frac{t_1+t_2}{2}$;$S=\frac{S_1+S_2}{2}$																	
km/h		km/h		km/h		km/h		km/h		km/h		km/h		km/h		km/h	
t	S	t	S	t	S	t	S	t	S	t	S	t	S	t	S	t	S

(2)根据各速点的平均值绘制加速性能曲线,见图 1-23。

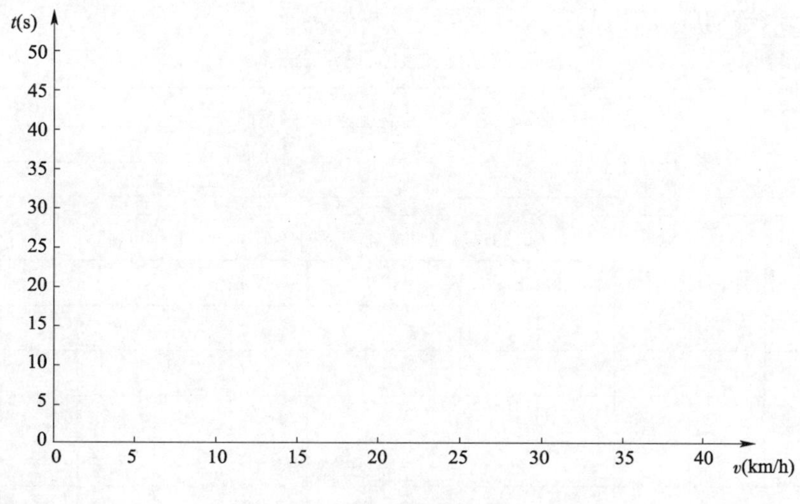

图 1-23 加速性能曲线(v—t)

2. 制动性能测试

1)测试系统连接

将五轮传感器、制动传感器与汽车拖拉机综合测试仪用电缆线连接起来,测试系统的连接见图 1-24。

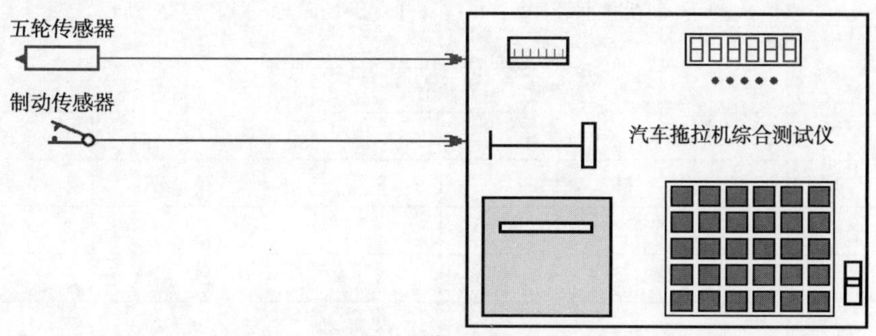

图 1-24 测试系统连接

2)汽车拖拉机综合测试仪的操作

①开机(或按“复位”键)。

②按“制动试验”键。

③按“7”键,键入“010000”(五轮传感器校正系数为1时)。

④按“B”键,键入“20”(表示制动初速度为20km/h)。

⑤按“C”键,键入“05”(表示每隔5km/h计数一次)。

⑥按“执行”键,进入准备状态。

⑦再按“执行”键,进入测量状态(在制动速度超过20km/h时就可先按执行键,而在速度达到20km/h时提醒驾驶员采取制动措施)。

操作键盘见图1-24。试验完成,自行打印试验结果。

3)数据记录

在专用实验表格(表1-5)上记录日期、实验时间、地点、实验人、气温、相对干湿度、大气压力、汽车型号、燃油牌号、相关实验数据等。

制动测试数据记录表 表1-5

汽车型号________ 汽车总重________ 燃油牌号________

试验日期________ 试验地点________ 路面状况________

风向________ 风速________ 天气________ 气温________

行驶方向	初速度(km/h)	制动距离(m)	制动时间(s)	以初速度制动减速到下列各车速(km/h)的时间 t(s)和行程 S(m)									
				km/h		km/h		km/h		km/h		km/h	
				t	S	t	S	t	S	t	S	t	S

4)求各减速点的平均值并绘制制动性能曲线

(1)求各减速点的平均值,并将结果记录在表1-6中。

制动减速点的平均值数据记录表 表1-6

以初速度 v_0 制动减速到下列各车速 v_1(km/h)的时间 t(s)和行程 S(m) $v_0=\frac{v_{01}+v_{02}}{2};t=\frac{t_1+t_2}{2};S=\frac{S_1+S_2}{2}$									
km/h		km/h		km/h		km/h		km/h	
t	S	t	S	t	S	t	S	t	S

(2)根据各减速点的平均值绘制制动性能曲线,见图1-25、图1-26。

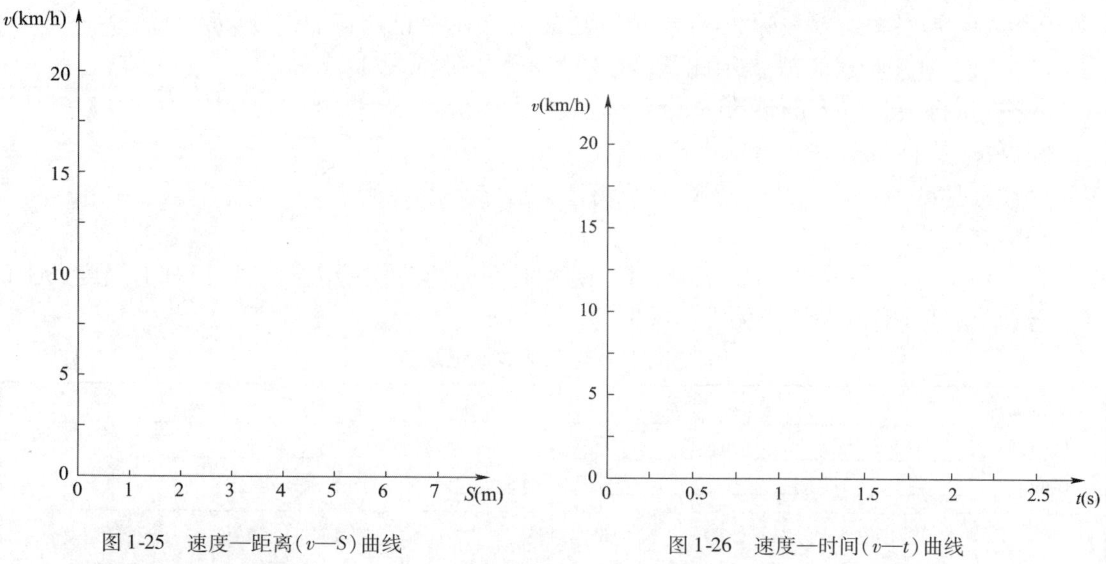

图 1-25　速度—距离(v—S)曲线　　图 1-26　速度—时间(v—t)曲线

3. 等速燃料消耗测试

1)测试系统连接

将五轮传感器、流量传感器与汽车拖拉机综合测试仪用电缆线连接起来,测试系统的连接如图 1-27 所示,油路的连接图 1-28 所示。

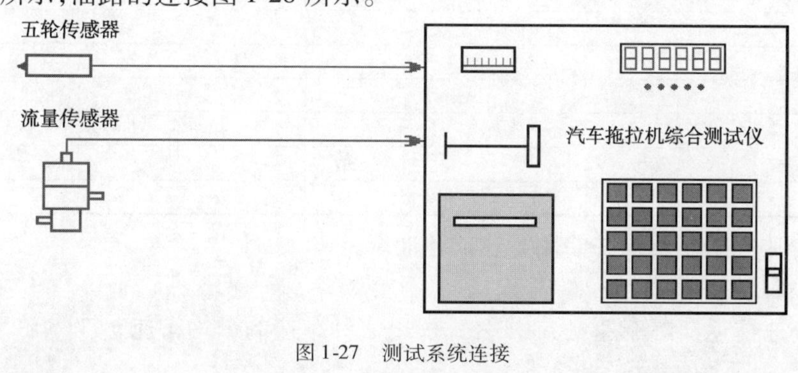

图 1-27　测试系统连接

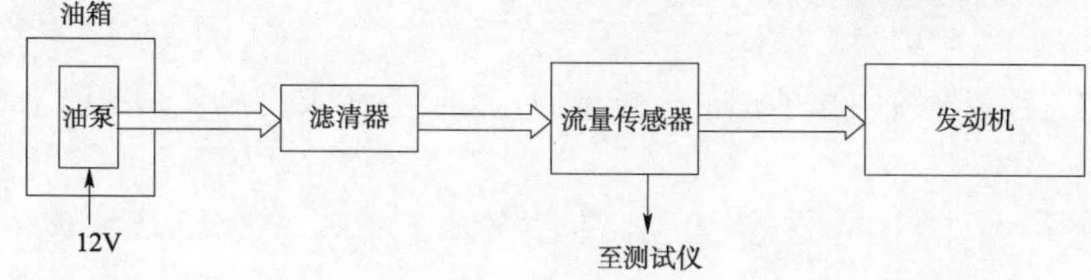

图 1-28　油路的连接

2)汽车拖拉机综合测试仪的操作

①开机或按“复位”键。

②按“等速油耗试验”键。

③按“7”键,键入“010000”(五轮传感器校正系数为 1 时)。

④按“9”键,键入“010000”(油耗传感器校正系数为 1 时)。

⑤按“A”键,键入“04”(选择测量距离为 400m 时)。

⑥按“B”键，键入“20”或“30”或“40”或“50”（表示分别运行的速度 km/h）。

⑦按“C”键，键入“00”（表示此试验是等速油耗试验）。

⑧按“执行”键，进入准备状态。

⑨再按“执行”键，进入测量状态。

操作键盘见图 1-28。试验完成，自行打印试验结果。

3）数据记录

在专用实验表格（表 1-7）上记录日期、实验时间、地点、实验人、气温、相对干湿度、大气压力、汽车型号、燃油牌号、相关实验数据等。

等速燃料消耗测试数据记录表　　表 1-7

汽车型号＿＿＿＿　汽车总重＿＿＿＿　燃油牌号＿＿＿＿

试验日期＿＿＿＿　试验地点＿＿＿＿　路面状况＿＿＿＿

风向＿＿＿＿　风速＿＿＿＿　天气＿＿＿＿　气温＿＿＿＿

行驶方向	实际车速（km/h）	测量路段长度（m）	测量段时间（s）	燃油消耗量（L/100km）

4）求各等速点的平均值并绘制等速油耗曲线

（1）求各等速点的平均值。

将每种车速往返实际车速 v_1、v_2 按公式求出该种车速的平均车速 v。

$$v=\frac{v_1+v_2}{2}$$

将每种车速往返试验得出的燃油消耗量 Q_1、Q_2 按公式求出该种车速的平均燃油消耗量 Q。

$$Q=\frac{Q_1+Q_2}{2}$$

将每种车速往返试验得出的测量路段长度 L_1、L_2 按公式求出该种车速的平均测量路段长度 L。计算得出的结果填入表 1-8。

$$L=\frac{L_1+L_2}{2}$$

将每种车速往返试验得出的测量段时间 t_1、t_2 按公式求出该种车速的平均测量段时间 t。

$$t=\frac{t_1+t_2}{2}$$

等速燃料消耗平均数据记录表　　表 1-8

序号	车速(km/h) $(v_1+v_2)/2$	测量路段长度(m) $(L_1+L_2)/2$	测量段时间(s) $(t_1+t_2)/2$	燃油消耗量(L/100km) $(Q_1+Q_2)/2$
1				
2				
3				
4				
5				
6				

(2)根据各等速点的平均值绘制等速油耗曲线(图 1-29)。

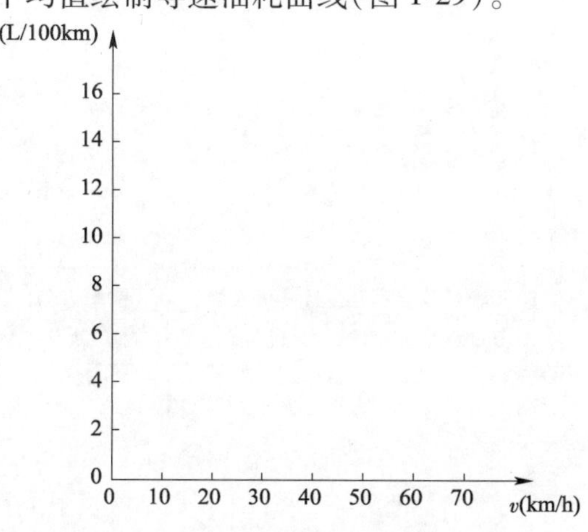

图 1-29　燃油消耗量—速度(Q—v)曲线

4. 注意事项

测试中,所有人员必须坐好扶紧,试验仪器安置放牢,以免碰伤人或碰坏仪器。整个试验应特别注意安全。

五、思考题

(1)为何原地起步连续换挡加速比直接挡加速快?

(2)如何从该车的制动印痕来分析该车的制动性能?

六、任务工单

任务四　汽车道路性能测试工作页

专业______　班级______　姓名______　学号________　组成员________________　日期______

学习情景	整车不解体检测	考核成绩	
工作任务	(1)知识目标:掌握汽车道路性能测试设备的结构及工作原理;掌握汽车道路性能测试的方法。 (2)技能目标:根据汽车道路加速测试结果正确分析汽车制动性能;根据汽车道路加速测试结果正确分析汽车动力性能;根据汽车道路加速测试结果正确分析汽车燃油经济性能		

续上表

<table>
<tr><td>工具准备</td><td colspan="6">(1)CTM-4 汽车拖拉机综合测试仪(俗称第五轮仪)(速度分辨率:1km/h;距离分辨率:0.01m;时间分辨率:1ms;油耗流量分辨率:0.1ml)。
(2)东风 6630 轻型客车(柴油车)(最高车速:90km/h;载客:19 人;车总质量:4350kg)</td></tr>
<tr><td>资料收集</td><td colspan="6"></td></tr>
<tr><td>技术方案</td><td colspan="6">(小组讨论检测流程,并简要说明)
(内容多可写背纸或附纸填写)</td></tr>
<tr><td rowspan="2">工作安排</td><td>工作项目</td><td>组织实施及安全负责人</td><td>资料收集与记录员</td><td>检测设备负责人</td><td>被测设备负责人</td><td>检测场地负责人</td></tr>
<tr><td>组员分工</td><td></td><td></td><td></td><td></td><td></td></tr>
<tr><td>实施步骤</td><td colspan="6">(内容多可写背纸或附纸填写)</td></tr>
<tr><td>资料记录</td><td colspan="6">(内容多可写背纸或附纸填写)</td></tr>
<tr><td>小组实训总结</td><td colspan="6">(内容多可写背纸或附纸填写)</td></tr>
</table>

实训指导教师__________ 日期__________

任务五 自动变速器失速试验

一、学习目标

知识目标	技能目标
掌握自动变速器工作特性及失速试验的工作原理	1. 独立完成自动变速器失速试验的检测方法; 2. 根据自动变速器失速试验的检测结果分析车辆状况

二、主要仪器设备的型号和规格

(1)本田雅阁轿车(配置自动变速器的车)。

(2)三角木(铁)。

(3)发动机转速表。

(4)轴流风机。

三、检测工作原理

通过检测自动变速器在D和R挡位时发动机的最大转速,来检查发动机与变速器的综合性能。主要检查发动机输出功率、液力变矩器导轮单向离合器性能、行星齿轮系统的离合器和制动器是否打滑等。

失速试验时变矩器的涡轮已制动($nw=0, Mw>MB$),也就是“失速点”出现。此时,发动机的全部能量(机械能)转变为液体动能,冲击和摩擦热很大,故试验时间不得超过5s,试验次数不得多于3次。

四、试验方法、步骤及工作内容

1. 试验方法

(1)运行发动机将变速器油液温度升至正常工作温度(50~80℃)。

(2)将汽车停置在平坦开阔的场地上,用三角木抵住前后车轮,拉紧驻车制动器。

(3)发动机在怠速下运转,右脚用力踩住制动踏板,将换挡手柄置于D挡,右脚迅速把加速踏板踩到底,使节气门全开,时间不超过5s。

(4)读取此时的发动机转速值。该转速称为“失速转速”,一般应为2000r/min左右(因车型而异,须查维修手册)。

(5)手柄置于N挡,发动机怠速运转1min以上。

(6)按以上方法,将换挡手柄置于R挡,进行同样的试验。

(7)失速试验过程示意图见图1-30。

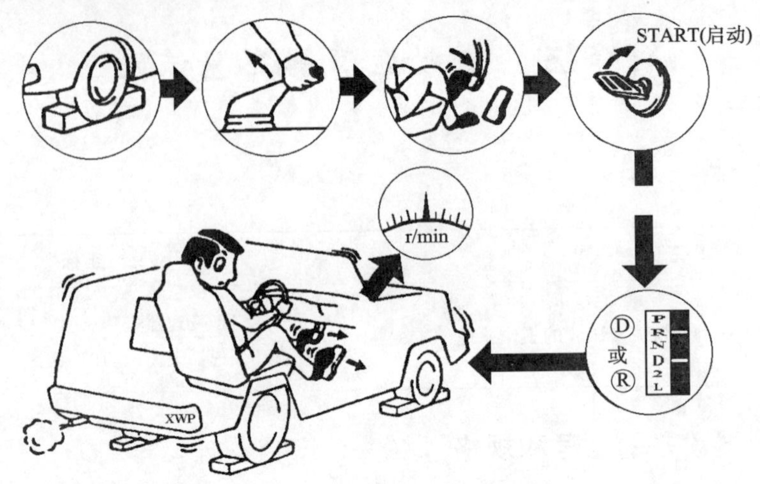

图 1-30　失速试验过程示意图

2. 试验数据记录(表 1-9)

失速试验数据记录表

表 1-9

N 挡怠速(r/min)	D 挡失速转速(r/min)	R 挡失速转速(r/min)

3. 试验结果分析

(1)如果 D 挡和 R 挡失速相同,且都低于规定值,可能原因为发动机功率不足或变矩器导轮单向离合器工作不正常。如果失速低于规定转速值 600r/min,则变矩器可能损坏。

(2)如果 D 挡失速转速高于规定值,可能原因为线路油压太低、前进离合器打滑、单向离合器工作不好或 O/D 单向离合器工作不好。

(3)如果 R 挡失速转速高于规定值,可能原因为线路油压太低、直接离合器打滑、第一挡及倒挡离合器打滑或 O/D 单向离合器工作不好。

4. 注意事项

(1)试验结束后,不要立即熄火,应换挡至 N 挡或 P 挡,让发动机怠速运转几分钟,以使自动变速器油温度正常。

(2)试验时,汽车前后不能站人。

(3)做好汽车的通风冷却措施,防止发动机过热。

五、思考题

(1)被检测的发动机和自动变速器工作正常吗?

(2)失速试验的时间为何不能太长?

(3)失速的转速越高是不是说明发动机功率越大?为什么?

六、任务工单

任务五 自动变速器失速试验工作页

专业______ 班级______ 姓名______ 学号______ 组成员__________ 日期______

<table>
<tr><td>学习情景</td><td colspan="4">整车不解体检测</td><td>考核成绩</td><td></td></tr>
<tr><td>工作任务</td><td colspan="6">(1)知识目标:掌握自动变速器工作特性。
(2)技能目标:独立完成自动变速器失速实验的检测方法;根据自动变速器失速实验的检测结果分析车辆状况</td></tr>
<tr><td>工具准备</td><td colspan="6">(1)本田雅阁轿车(配置自动变速器的车)。
(2)三角木(铁)。
(3)发动机转速表。
(4) 轴流风机</td></tr>
<tr><td>资料收集</td><td colspan="6"></td></tr>
<tr><td>技术方案</td><td colspan="6">(小组讨论检测流程,并简要说明)
(内容多可写背纸或附纸填写)</td></tr>
<tr><td rowspan="2">工作安排</td><td>工作项目</td><td>组织实施及安全负责人</td><td>资料收集与记录员</td><td>检测设备负责人</td><td>被测设备负责人</td><td>检测场地负责人</td></tr>
<tr><td>组员分工</td><td></td><td></td><td></td><td></td><td></td></tr>
<tr><td>实施步骤</td><td colspan="6">(内容多可写背纸或附纸填写)</td></tr>
<tr><td>资料记录</td><td colspan="6">(内容多可写背纸或附纸填写)</td></tr>
<tr><td>小组实训总结</td><td colspan="6">(内容多可写背纸或附纸填写)</td></tr>
</table>

实训指导教师________ 日期________

任务六　自动变速器时滞试验

一、学习目标

知识目标	技能目标
掌握自动变速器工作特性及自动变速器时滞工作原理	1. 独立完成自动变速器时滞试验的检测方法； 2. 根据自动变速器时滞试验的检测结果分析车辆状况

二、主要仪器设备的型号和规格

(1)本田雅阁轿车(配置自动变速器的车)。

(2)三角木(铁)。

(3)秒表。

三、检测工作原理

当发动机怠速运转、换挡手柄从N挡换入D挡或R挡时,在感觉到振动(换挡冲击)前会有一定时间的迟滞或延时。检测时滞时间的目的,在于检查O/D单向离合器、前进离合器、直接离合器和一、倒挡制动器的工作情况。

四、试验方法、步骤及工作内容

1. 试验方法

(1)暖机使发动机和变速器油液温度达到正常工作温度(50~80℃)。

(2)将车停置在平坦路面上,用三角木抵住前后车轮,拉紧驻车制动器。

(3)发动机怠速运转,换挡手柄置N挡位置。

(4)换挡手柄从N挡换入D挡。

①检查其怠速,D挡怠速略微低于N挡怠速(约低50r/min)。

②用秒表测量从移动换挡手柄起到有振动感时止的时间。试验进行3次,时滞时间取3次试验的平均值。一般从N挡换入D挡的时滞时间应小于1.2s。

(5)按上述同样方法,在间隔1min后测量从N挡换入R挡的时滞时间。一般从N挡换入R挡的时滞时间应小于1.5s。

(6)时滞试验过程示意图见图1-31。

2. 试验数据记录(表1-10)

时滞试验数据记录表　　表1-10

	D挡怠速(r/min)	R挡怠速(r/min)	D挡时滞时间(秒)	R挡时滞时间(秒)
1				
2				
3				

续上表

	D 挡怠速（r/min）	R 挡怠速（r/min）	D 挡时滞时间（秒）	R 挡时滞时间（秒）
4				
5				
平均值				

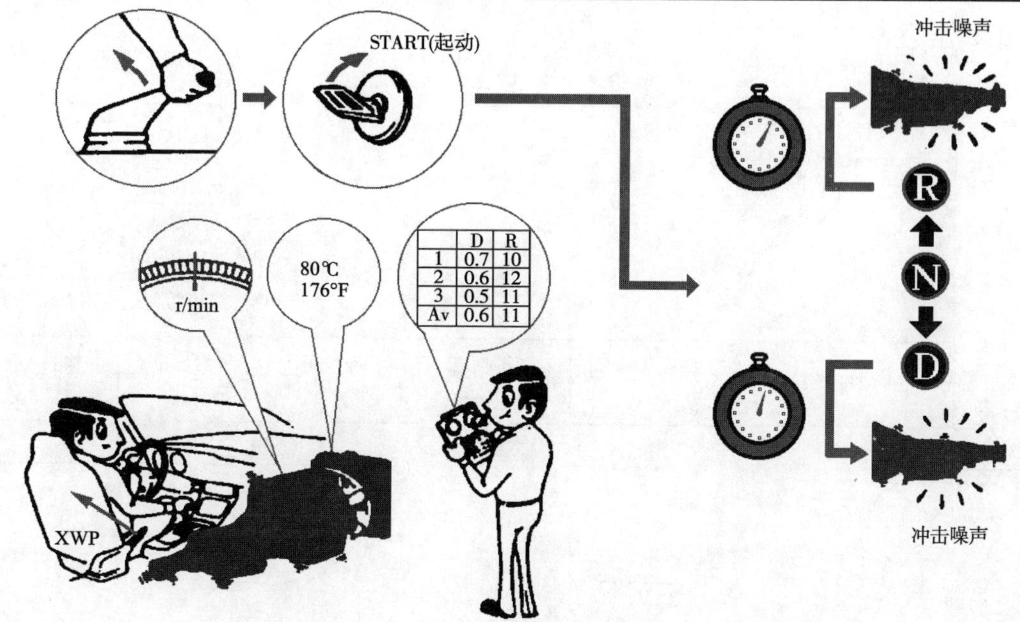

图 1-31　时滞试验过程示意图

3. 试验结果分析

(1)如果 N 挡至 D 挡时滞时间大于规定值，可能原因为油路压力太低、前进离合器磨损或 O/D 单向离合器工作不好。

(2)如果 N 挡至 R 挡时滞时间大于规定值，可能原因为油路压力太低，直接离合器磨损，一、倒挡制动器磨损或 O/D 单向离合器工作不好。

五、思考题

(1)被检测的发动机和自动变速器工作正常吗？

(2)时滞时间越小说明自动变速器技术状况如何？

六、任务工单

任务六　自动变速器时滞试验工作页

专业______　班级______　姓名______　学号________　组成员________________　日期______

学习情景	整车不解体检测	考核成绩	
工作任务	(1)知识目标：掌握自动变速器时滞工作原理。 (2)技能目标：独立完成自动变速器时滞实验的检测方法；根据自动变速器时滞实验的检测结果分析车辆状况		

续上表

<table>
<tr><td>工具准备</td><td colspan="6">(1)本田雅阁轿车(配置自动变速器的车)。
(2)三角木(铁)。
(3)秒表</td></tr>
<tr><td>资料收集</td><td colspan="6"></td></tr>
<tr><td>技术方案</td><td colspan="6">(小组讨论检测流程,并简要说明)

(内容多可写背纸或附纸填写)</td></tr>
<tr><td rowspan="2">工作安排</td><td>工作项目</td><td>组织实施及安全负责人</td><td>资料收集与记录员</td><td>检测设备负责人</td><td>被测设备负责人</td><td>检测场地负责人</td></tr>
<tr><td>组员分工</td><td></td><td></td><td></td><td></td><td></td></tr>
<tr><td>实施步骤</td><td colspan="6">(内容多可写背纸或附纸填写)</td></tr>
<tr><td>资料记录</td><td colspan="6">(内容多可写背纸或附纸填写)</td></tr>
<tr><td>小组实训总结</td><td colspan="6">(内容多可写背纸或附纸填写)</td></tr>
</table>

实训指导教师____________ 日期____________

任务七　汽车侧滑、轴重、悬架装置、制动力的检测*

一、学习目标

知识目标	技能目标
熟悉汽车侧滑、轴重、悬架检测设备的工作原理的检测方法	1. 合作完成汽车侧滑、轴重、悬架检测工作； 2. 独立完成检测软件操作

二、主要仪器设备的型号和规格

(1)四位一体综合检测台。

(2)五菱微型车(或其他车型)。

三、检测工作原理

1. 汽车侧滑

汽车前轮定位参数的检测有静态检测法和动态检测法两种。静态检测法是指在汽车静止的状态下,用车轮定位仪对前轮定位值进行检测;动态检测法是指使汽车以一定的行驶速度通过侧滑试验台,从而测量转向轮的横向侧滑量。侧滑量是指汽车直线行驶位移量为1km时,转向轮的横向位移量。侧滑量的单位是m/km。汽车前轮的侧滑量主要受转向轮外倾角及转向轮前束值的影响。

按国家标准GB 7258—2012《机动车运行安全技术条件》的规定,用侧滑试验台检验前轮侧滑量,其值不超过5m/km。

正前束引起正侧滑,车轮正外倾引起负侧滑。转向轮正前束的作用正好与正外倾的作用相反。当转向轮具有正前束,汽车向前行进时,两个前轮具有向内收缩靠拢的趋势,转向轮具有正外倾,轮胎相当于圆锥的一部分,向前滚动时将有向外张开的趋势。理想的情况是转向轮向外的张力与向内收拢的作用力互相抵消,保持车轮直线行驶。

2. 汽车轴重

汽车轴重的检测有动态检测和静态检测两种。动态检测效率高,但精度较低;静态检测精度较高,但速度较慢。轴重也叫轴荷,是轴上的负荷,简单讲就是轴有多重。前轴和后轴各自承受了多少的重力对于汽车来说相当重要,理想的质量分配是前后轮所承受的质量之比为1∶1。

3. 车轮制动力

制动力检测技术条件要求是以轴制动力占轴荷的百分比来评判的,对总质量不同的汽车来说是比较客观的标准。

制动力检测要求:前轴制动力与前轴荷之比≥60%;制动力总和与整车质量之比,空载≥60%,满载≥50%;乘用车和总质量不大于3500kg的货车后轴制动力与后轴荷之比≥20%。在汽车制动力检测时,车轮阻滞力是必检项目,其目的是为防止制动器拖滞,保证制动器的最小间隙,车辆各轮的阻滞力均不得大于该轴轴荷的5%。

制动平衡要求:在制动力增长的全过程中同时测得的左右轮制动力差的最大值,与全过程中测得的该轴左右轮最大制动力中大者之比,前轴不应大于20%,对后轴(及其他轴)在轴制动力不小于该轴轴荷的60%时,不应大于24%,当后轴(及其他轴)轴制动力小于该轴轴荷的60%时,在制动力增长全过程中同时测得的左右轮制动力差的最大值不应大于该轴轴荷的8%。

4. 汽车悬架装置

汽车悬架装置的技术状况直接影响汽车行驶的平顺性、操纵稳定性和制动性能。随着汽车行驶的高速化,汽车悬架性能检测对保证车辆安全已十分重要,因此,经常检测诊断汽车悬架装置的工作性能很重要。悬架装置检测台采用机械扫频激振原理使被测车轮产生谐振,通过工业控制机测定有关参数的变化来评价汽车悬架装置的性能,其中最主要的评价参数为悬架的吸收率。

GB 18565—2001 规定,用悬架检测台检测时,受检车辆的车轮在受外界激励振动下测得的吸收率(被测汽车共振时的最小动态垂直载荷与静态车轮垂直载荷的百分比值)不得小于40%,同轴吸收率之差不得大于15%。

四、试验方法、步骤及工作内容

1. 程序登录操作

(1)接通主控计算机、试验台电源。

(2)运行“工学院四位一体” 程序,进入“登录”界面,见图1-32。

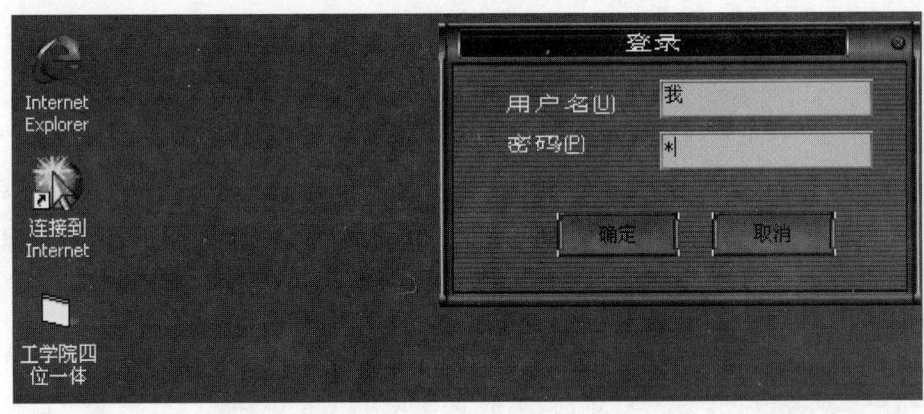

图1-32　程序登录界面

(3)在“登录”小窗口,输入用户名[U]:“我”、密码[P]:“ * ”, 进入“检测系统”界面,见图1-33。

(4)在“检测系统”界面里,在点击“设备标定”栏中的“标定悬架”功能键,进入“标定悬架登录”界面,见图1-34。

(5)在“标定登录”小窗口,输入用户名[U]:“我”、密码[P]:“1”, 进入标定悬架界面,见图1-35。在平台上加入砝码,分别对左右悬架进行标定。如果“示值”偏大或偏小,可按“ - ”或“ + ”改变“AD/值”,至“示值”正确为止。

图 1-33 检测系统界面

图 1-34 标定悬架登录界面

(6)标定悬架完毕后,点击“标定悬架”窗口右上角的“⊕”功能键,便退出标定悬架。在“检测系统”界面里,在点击“设备标定”栏中的“标定制动”功能键,进入“标定制动登录”界面。

(7)在“标定登录”小窗口,输入用户名[U]:“我”、密码[P]:“ * ”, 进入标定制动界面,见图 1-36。分别对左右轮制动进行标定。

(8)标定制动完毕后,点击“标定制动”窗口右上角的“⊕”功能键,便退出标定制动。在“检测系统”界面里,在点击“设备标定”栏中的“标定侧滑”功能键,进入“标定侧滑登录”界面。

标定悬架
保存(S) 清零(C) 缺省值(Q) 关闭(U)
示值 (Kg)
0
AD值
0
电压值 (V)
0
选择
左悬架 右悬架

图 1-35　标定悬架界面

标定制动
保存(S) 清零(C) 缺省值(K) 关闭(B)
示值 (daN)
0
AD值
0
电压值 (V)
0
选择
左制动 右制动

图 1-36　标定制动界面

(9)在“标定登录”小窗口,输入用户名[U]:“我”、密码[P]:“＊”,进入标定侧滑界面,见图1-37。对侧滑进行标定。

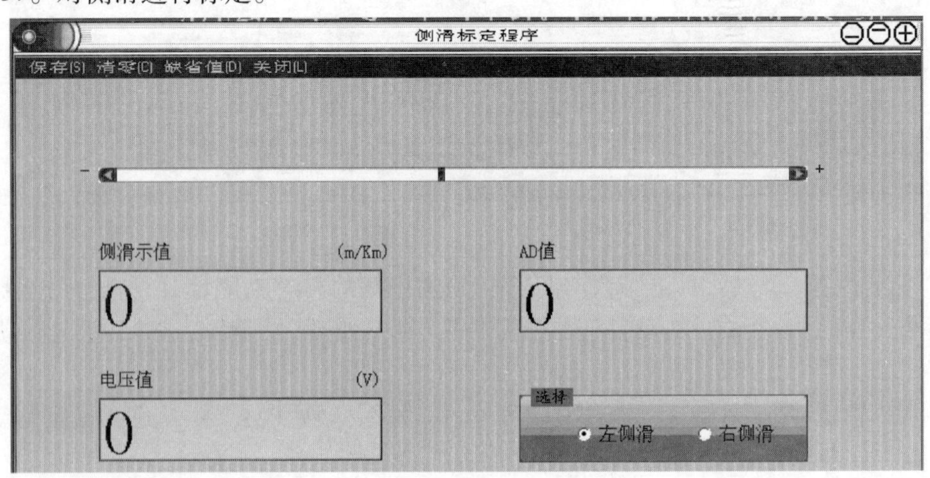

图 1-37　标定侧滑界面

(10)标定侧滑完毕后,点击“标定侧滑”窗口右上角的“⊕”功能键,便退出标定侧滑。在“检测系统”界面里,在点击“录入[I]”功能键,进入参数登录程序界面,见图1-38。按窗口里的各个栏目要求填入相应的内容。

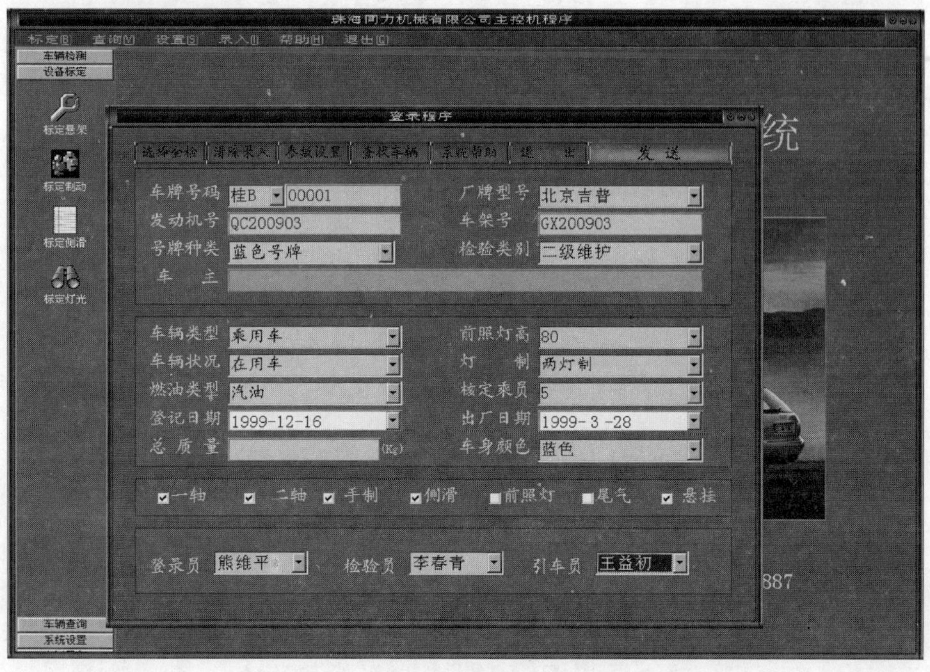

图1-38　参数登录程序界面

(11)参数登录完毕,点击“发送”功能键,然后点击“登录程序”窗口右上角的“⊕”功能键,退出登录程序界面。

(12)在“检测系统”界面里,点击“车辆检测”功能键,再点击“自动检测”功能键,便进入自动检测程序界面,见图1-39。检测将按程序自动完成“侧滑”“前轮轴重”“前悬架”“前轮制动”“后轮轴重”“后悬架”“后轮制动”的项目。

(13)全部项目检测完毕,电脑会自动将该车的检测结果打印出来。

(14)如有单项检测结果不合格,可选择单项重新检测,操作步骤如上述。

(15)检测完成后,打印检测报告。

(16)关闭主控计算机、试验台电源。

2. 被检测车辆操作

(1)侧滑检测。

被检汽车要摆正直线行驶的方向,依据点阵屏提示,驾驶员以3km/h的速度,双手离开转向盘将汽车驶过侧滑台,点阵屏立刻显示侧滑结果,侧滑检测结束。

(2)前轴重检测(静态检测)。

依据点阵屏提示,汽车前轮停在称重平台上,数秒钟后,点阵屏立刻显示前轴重结果。

(3)前悬架装置检测。

依据点阵屏提示,汽车前轮仍停在称重平台上,机械扫频激振器使被测车轮产生谐振,之后点阵屏立刻显示悬架装置检测结束。

(4)前轮制动检测。

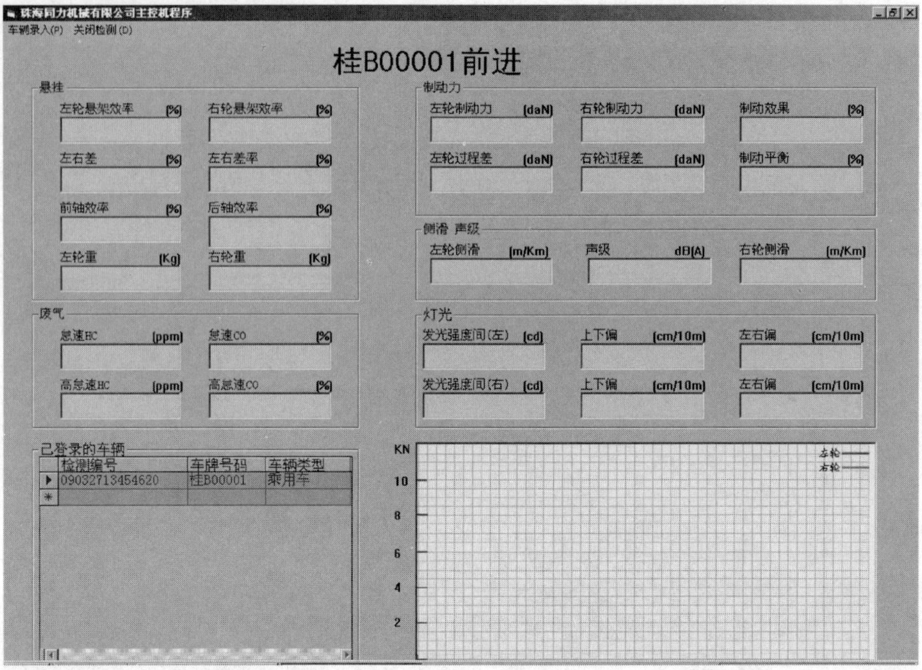

图 1-39　自动检测程序界面

依据点阵屏提示,汽车前轮停在制动台上,当停稳 3s 后,电动机转动,这时驾驶员应将制动踏板松开,然后点阵屏提示阻滞力检测。待阻滞力检测完毕后点阵屏会出现到计时符号,待"—"号消失后踩制动踏板 1 ~ 2s 后松制动踏板,这时点阵屏立刻显示检测结果,前轴检测完毕。

(5)后轴重检测(静态检测)。

依据点阵屏提示,汽车后轮停在称重平台上,数秒钟后,点阵屏立刻显示后轴重结果。

(6)后悬架装置检测。

依据点阵屏提示,汽车后轮仍停在称重平台上,机械扫频激振器使被测车轮产生谐振,之后点阵屏立刻显示悬架装置检测结束。

(7)后轮制动检测。

依据点阵屏提示,汽车后轮停在制动台上,当停稳 3s 后,电动机转动,这时驾驶员应将制动踏板松开,然后点阵屏提示阻滞力检测。待阻滞力检测完毕后点阵屏会出现到计时符号,待"—"号消失后踩制动踏板 1 ~ 2s 后松制动踏板,这时点阵屏立刻显示检测结果。之后点阵屏提示检测驻车制动,驾驶员拉驻车制动器,显示检测结果,后轴检测完毕。

(8)车辆检测完毕,驶出试验台。

五、思考题

(1)前轮前束、前轮外倾及侧滑量的关系是什么?当出现侧滑超过标准时如何调整?

(2)汽车制动性能的评价指标有哪些?

(3)评价汽车悬架装置性能的最主要评价参数是什么?

(4)何为悬架的吸收率?

六、任务工单

任务七　汽车侧滑、轴重、悬架装置、制动力的检测工作页

专业______　班级______　姓名______　学号________　组成员________________　日期______

<table>
<tr><td>学习情景</td><td colspan="4">整车不解体检测</td><td>考核成绩</td><td></td></tr>
<tr><td>工作任务</td><td colspan="6">(1)知识目标:熟悉汽车侧滑、轴重、悬架检测设备的工作原理好检测方法。
(2)技能目标:合作完成汽车侧滑、轴重、悬架检测工作;独立完成检测软件操作</td></tr>
<tr><td>工具准备</td><td colspan="6">(1)四轮一体综合检测台。
(2)五菱微型车(或其他车型)</td></tr>
<tr><td>资料收集</td><td colspan="6"></td></tr>
<tr><td>技术方案</td><td colspan="6">(小组讨论检测流程,并简要说明)
(内容多可写背纸或附纸填写)</td></tr>
<tr><td rowspan="2">工作安排</td><td>工作项目</td><td>组织实施及安全负责人</td><td>资料收集与记录员</td><td>检测设备负责人</td><td>被测设备负责人</td><td>检测场地负责人</td></tr>
<tr><td>组员分工</td><td></td><td></td><td></td><td></td><td></td></tr>
<tr><td>实施步骤</td><td colspan="6">(内容多可写背纸或附纸填写)</td></tr>
<tr><td>资料记录</td><td colspan="6">(内容多可写背纸或附纸填写)</td></tr>
<tr><td>小组实训总结</td><td colspan="6">(内容多可写背纸或附纸填写)</td></tr>
</table>

实训指导教师__________　日期__________

任务八　车轮定位参数的检测及调整

一、学习目标

知识目标	技能目标
1. 掌握车轮定位对汽车行驶的影响； 2. 掌握四轮定位设备的工作原理	1. 规范、独立地完成四轮定位的检测与调整； 2. 完成四轮定位设备的维护

二、主要仪器设备的型号和规格

(1) ML-9000A-BT 四轮定位测量仪。

(2) 五菱汽车。

(3) 四柱举升机。

(4) 常用工具。

三、检测工作原理

四轮定位的检测包括检测前轮的主销内倾、主销后倾、前轮前束、前轮外倾和后轮的后轮前束、后轮外倾。

汽车为什么要做四轮定位？首先从汽车的构造说起。以四轮轿车为例，轿车的转向车轮、转向节和前轴三者之间的安装具有一定的相对位置，这种具有一定相对位置的安装叫作转向车轮定位，也称为前轮定位。前轮定位包括主销后倾（角）、主销内倾（角）、前轮外倾（角）和前轮前束四个内容。这是对两个转向前轮而言，对两个后轮来说也同样存在与后轴之间安装的相对位置，称为后轮定位。后轮定位包括车轮外倾（角）和后轮前束。这样，前轮定位和后轮定位总起来说叫作四轮定位。

四轮定位的作用是使汽车保持稳定的直线行驶和轻便的转向，并减轻汽车在行驶中轮胎和转向机件的磨损。由于各汽车生产厂家对四轮定位原设计和制造的不同，使得各轮的各种倾角和束值就各有不同，并且有可调部分和不可调部分之分；做四轮定位就是通过四轮定位仪，检测出被测车辆的各轮倾角和束值是否符合原厂标准，如不符合可做随机调整。只有车辆的定位数据准确，它的操控性能、稳定性能才能达到最佳状态，轮胎的寿命也才能达到最长。

汽车后轮总前束的夹角的平分线就称为汽车的推进线，见图 1-40。

两个前轮的中心连线与推进线的夹角，称为前退缩角。当右前轮在左轮后面时，此状态下规定汽车的前退缩角为正值；反之，当右前轮在左轮前面时，此状态下规定汽车的前退缩角为负值。退缩角事实上反映了车辆轴距的变化。退缩角达到某种程度，车辆就会出现跑偏，跑偏向朝向轴距较小一侧。束角、退缩角、推进角、轮距差以及外倾角是不打转向盘就可以直接进行测量的角度，主销后倾角、主销内倾角以及转向角是必须打转向盘而间接进行测量的角度。

推进线与车辆几何中心线之间的夹角称为推进角，见图 1-40。左侧前后轮中心的连线与推进线之间的夹角称为左横向偏置角。当左后轮比左前轮更向外偏时,此状态下规定左横向偏置角为正值;反之,当左前轮比左后轮更向外偏时,此状态下规定左横向偏置角为负值。如果汽车的规格值中,汽车的前后轴距已经知道,则左横向偏置既可以用角度值来表示,也可以转换成长度值来表示。

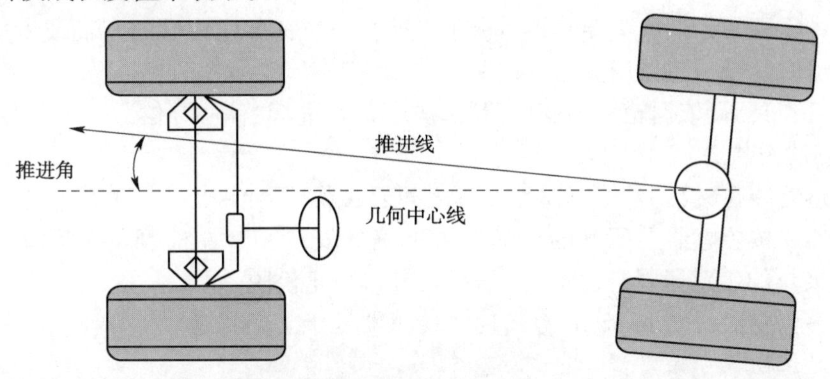

图1-40　推进线与推进角

四轮定位测量是以推进线为基准的。理论上讲,车辆推进线应该与车辆几何中心线相同。

四轮定位仪是检测汽车底盘悬架部件、车轮与地面三者之间形成角度关系参数的高级检测仪器。四轮定位仪均使用了计算机控制,目前常见的有二维(PSD)型四轮定位仪和三维(CCD)型四轮定位仪。本实训采用的设备是二维(PSD)型四轮定位仪。

四、试验方法、步骤及工作内容

1. 车辆测量前准备

(1)检查举升机。

检查举升机的工作位置平面是否符合水平要求,要求左右水平差≤2mm,转角盘、侧滑板是否转动或滑动灵活,锁定转盘及侧滑板。将举升机降到安全上车的位置。

(2)上车。

摆正车身,回正转向盘。车轮中心平面与转角盘零刻度线尽量垂直(指零度线与车身轴线垂直)。将驻车制动器拉紧,用制动杆压住行车制动器。

用力弹压车身前部和后部,使汽车车轮处于自由状态,并使汽车悬架系统恢复到正常工作状态。

(3)检测轮胎。

检测左右车轮轮胎气压是否均衡,是否过高或过低;检测左右轮胎胎纹是否一致;检测左右轮胎纹磨损程度是否一致。

(4)检查汽车底盘。

举起两个前轮,检查球头、胶套是否有磨损(如间隙大了建议将磨损严重的零件换掉,否则定位后各角度将有变化)。检查其他应检查的项目(可按程序中"目视检测"逐项检查)。

(5)安装夹具。

①将夹具安装到轮辋上,建议夹具的初始位置是调整手柄向上。尽量垂直安装夹具(如

有铅块、磨损、凹凸不平处要让过此位置),夹具四个爪要靠紧钢圈,定位平面要和轮辋外缘靠紧,必须保证夹具上爪定位面与轮辋边缘贴紧夹牢(这是保证重复测量精度的前提),否则,必须做偏心补偿。

②夹具安装在轮辋上时一定要牢固,并且要用安全带做好意外防护。

③夹具中设置了超低底盘传感器安装孔,便于一些底盘比较低的车辆或者安装了大包围的车辆检测时降低传感器用。

④安装好夹具后,依据轮辋的变形情况,决定是否进行"偏心补偿"。

(6)传感器安装。

①把传感器装在夹具上,传感器与夹具之间要靠紧,不允许出现有间隙。

②传感器要按传感器上所贴的标牌位置准确的安装(FL-左前、FR-右后、RL-左后、RR-右后),拧紧夹具的传感器固定螺丝(但不要太紧),防止松脱。

③开启各传感器(按 Power on 键),使各传感器处于工作状态。

2. 四轮定位操作步骤

(1)打开计算机,进入"米勒四轮定位仪主程序"界面,见图1-41。

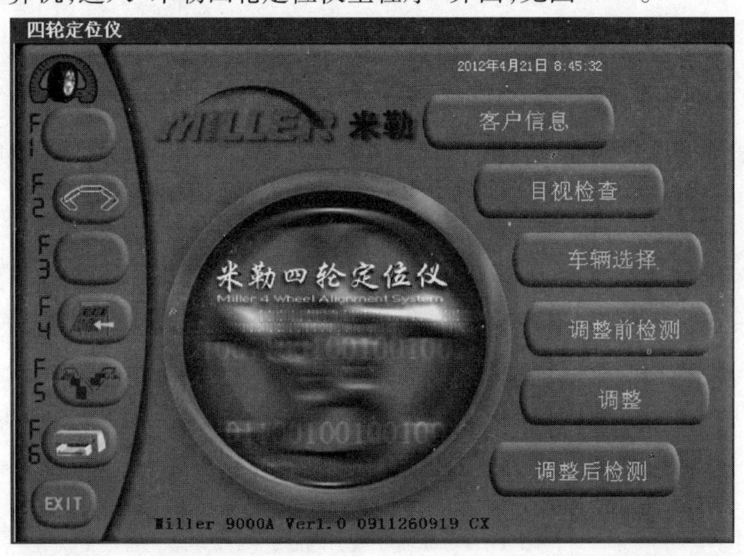

图1-41 "米勒四轮定位仪主程序"界面

(2)在"米勒四轮定位仪主程序"界面上鼠标单击"F5"图标或直接按键盘上的"F5"键,程序提示转入"系统设置"密码对话框。密码对话框见图1-42。

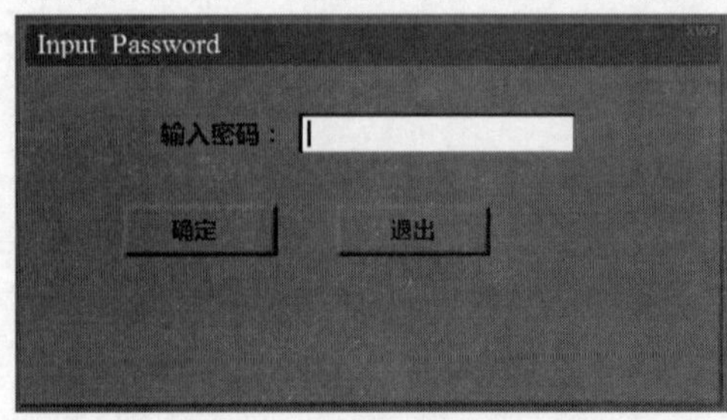

图1-42 "系统设置"密码对话框

(3)在"系统设置"密码对话框上输入密码"123"按确定键,进入"系统设置"界面,然后设置系统各项参数,见图1-43。

前束单位选"60 分度",角度单位选"60 分度",转角选"5 度",转角盘选"机械转角盘"。完成后点击"OK"键,返回"米勒四轮定位仪主程序"界面。

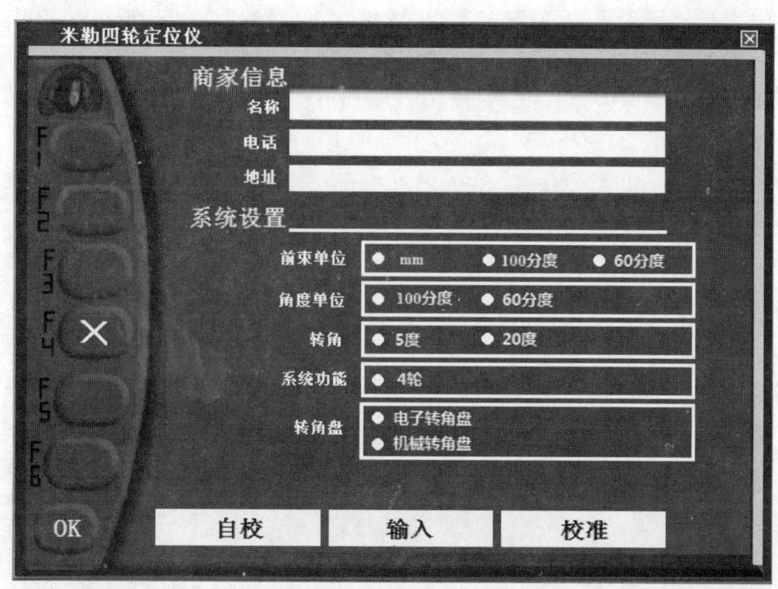

图1-43　“系统设置”界面

(4)在“米勒四轮定位仪主程序”界面上,点击“目视检查”按钮,就进入“目视检查”界面。目视检查项目包括牌照、底盘及其部件、供油部件、排气管、悬架装置、轮轴、车轮和轮胎。按目视项目检测完成后,点击“OK”键返回主界面。

(5)选择车辆标准数据。

①选择所要检测的车辆。

在“米勒四轮定位仪主程序”界面上,点击“车辆选择”按钮,进入“车辆选择”界面,见图1-44。

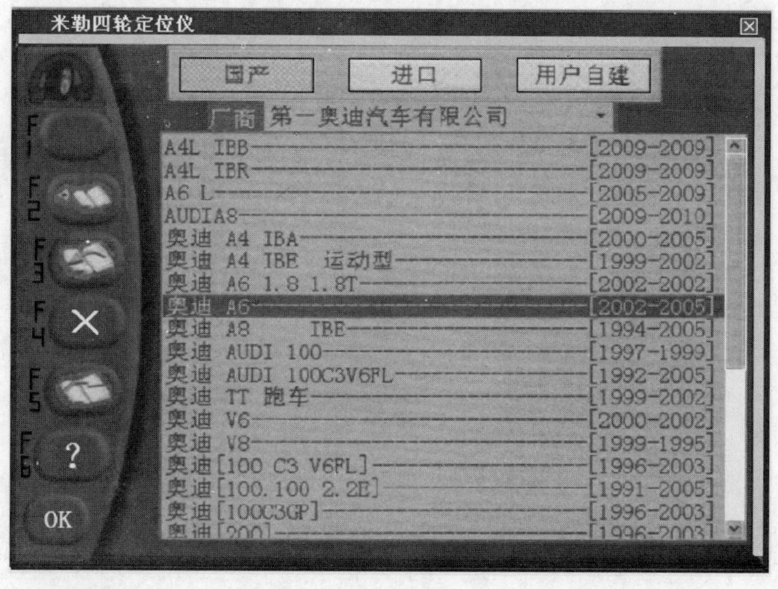

图1-44　“车辆选择”界面

界面中,“F2”表示显示所选车辆的标准数据,“F4”表示退回到主界面,“F3”表示选择上一个车型,“F5”表示选择下一个车型,“F6”表示输入新车型。

注意:增加新车型时必须输入具体年份,如“2002”“2007”;全部数据输入后,按“F2”键保存。

在“车辆选择”界面,点击“OK”键返回“米勒四轮定位仪主程序”界面。

②显示所选车辆的标准数据。

在“车辆选择”界面中按“F2”键,进入“车辆的标准数据”界面,显示所选车辆的标准数据。确认相关车辆资料后,在“车辆的标准数据”界面,点击“OK”键返回“车辆选择”界面。

(6)选择车型标准数据后就要输入客户信息,否则,以后的检测报告中就没有数据。

“米勒四轮定位仪主程序”界面中,点击“客户信息”按钮,进入“客户信息”界面。在此界面可以输入被检测车辆的一些车主信息,方便以后查询,见图1-45。

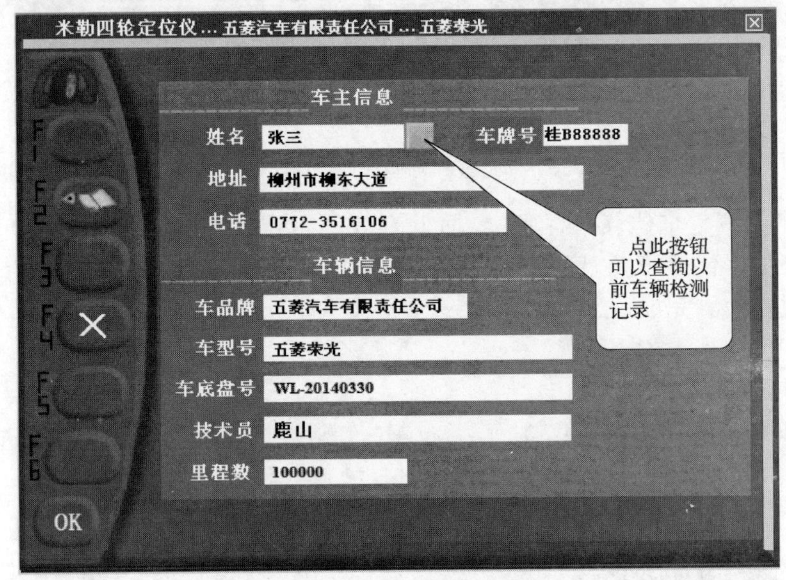

图1-45 “客户信息”界面

完成后,在“客户信息”界面,点击“OK”键返回“米勒四轮定位仪软件”主界面。

(7)在“米勒四轮定位仪主程序”界面中,点击“调整前检测”按钮,进入“调整前检测”界面。

做“调整前检测”的目的是准确测定被检车辆的各项定位参数,从而决定是否需要维修。操作有如下步骤。

①确定车辆的初始状态。

分别按下四个传感器的“Power”键,四个传感器全部开机。调整四个传感器至水平(“√”为水平、“×”为不水平),见图1-46。

当四个传感器调水平后电脑读取数据,然后程序自动进入“偏心补偿”界面,见图1-47。

②放弃偏心补偿。

电脑读取水平调整数据后将自动进入到“偏心补偿”界面,用户可以选择做“偏心补偿”或不做“偏心补偿”。

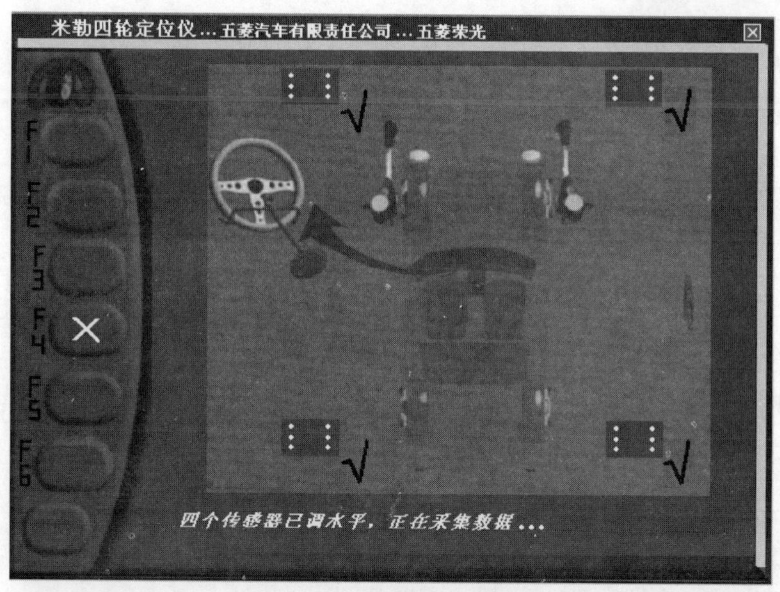

图1-46　传感器调水平界面

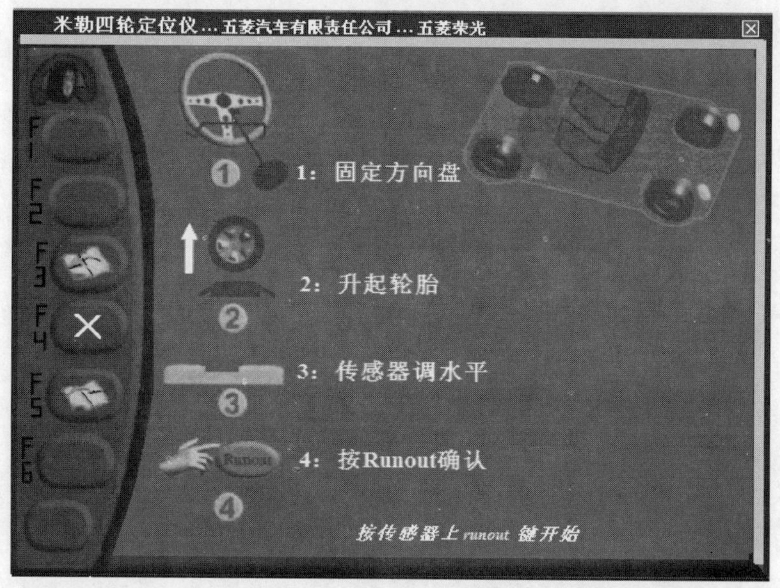

图1-47　“偏心补偿”界面

界面中，“F3”表示返回到上一步，当车辆上举升机时状态不理想而中途改变状态后，必须执行此步骤；“F4”表示退出；“F5”表示向下一步直接跳过“偏心补偿”。

③进行偏心补偿操作。

偏心补偿的目的有二：一是轮辋变形的原因，车辆行驶实际状态和被检测时的状态不一致，需要通过偏心补偿测定出车辆行驶实际状态的平均值；二是消除由于夹具原因导致的测量误差。

进行偏心补偿的准备工作：

第一步：将转向盘调正，用转向盘锁锁紧；

第二步：升起目标车轮，使轮胎离开地面即可；

第三步：松开制动锁和驻车制动器，以使“偏心补偿”时转动车轮，将要做补偿的车轮（轮胎）外挂的传感器固定螺丝松开，并将传感器调水平；

第四步：在“偏心补偿”界面下，按传感器面板上的“Runout”键。

此时传感器会“嘀”一声或水平指示灯闪3次，然后电脑提示读取该传感器的数据，同时电脑屏幕上车辆相对应的车轮变成红色。紧接着屏幕提示被补偿车轮的卡具此时应处的位置。电脑“第1次读取该传感器的数据”界面见图1-48。在很短时间，屏幕自动转为“车轮旋转90度”的界面，“车轮旋转90度”的界面见图1-49。然后将传感器调整水平。完成传感器水平调整后，再按同一个传感器的“Runout”键，再次“嘀”一声或水平指示灯闪3次。屏幕显示“第2次读取该传感器的数据”界面，见图1-50。屏幕自动转为“车轮再旋转180度”的界面，然后将传感器调整水平。稍后屏幕上相对应的车轮由红色变成蓝色，提示操作者此车轮偏心补偿正在进行中。“车轮再旋转180度”的界面见图1-51。完成传感器水平调整后，再按同一个传感器的“Runout”键，再次发出“嘀”。系统第3次读取数据，屏幕自动转为“车轮再旋转90度”的界面，回到起始位置，见图1-52，然后将传感器调整水平。当完成传感器第4次水平调整后，相对应的车轮由蓝色变成绿色。第1个轮辋：“偏心补偿”的全部操作完成。屏幕进入第2个轮辋“偏心补偿”调整界面，见图1-53。在完成第2、3、4个轮辋“偏心补偿”调整后，四个轮胎全部变成绿色。四个轮辋“偏心补偿”调整完成界面见图1-54。

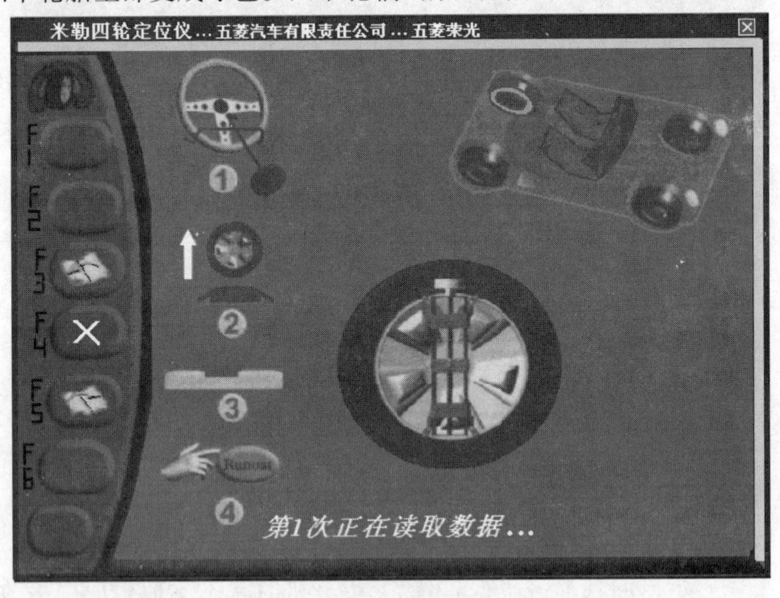

图1-48　第1次读取该传感器的数据界面

注意：“偏心补偿”调整完成之后，应慢慢地将车辆放下恢复到上车时的初始位置。拔出转角盘的固定销及后侧滑板的固定销，重新压弹车辆前面和后面，使车辆处于自由状态。

④测量主销倾角（PSD系统测量）。

在四个轮辋“偏心补偿”调整都完成之后，程序自动进入到“主销倾角测量”界面。

按屏幕提示分别将转向盘向左和右各转5°或是10°再回正（转5°还是转10°取决于软件“系统设置”中选择的角度），即完成“主销倾角测量”。操作有如下步骤。

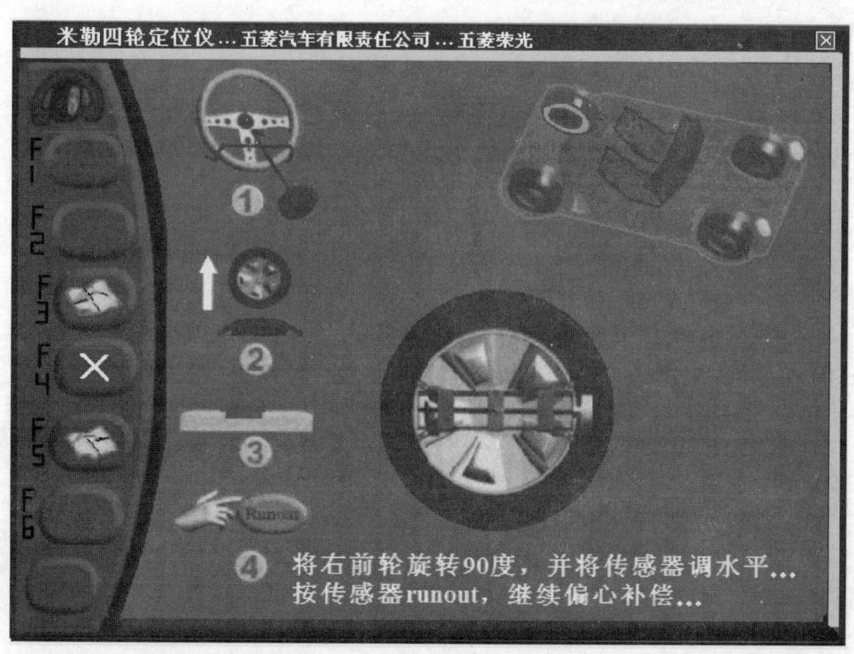

图 1-49　“车轮旋转 90 度”的界面

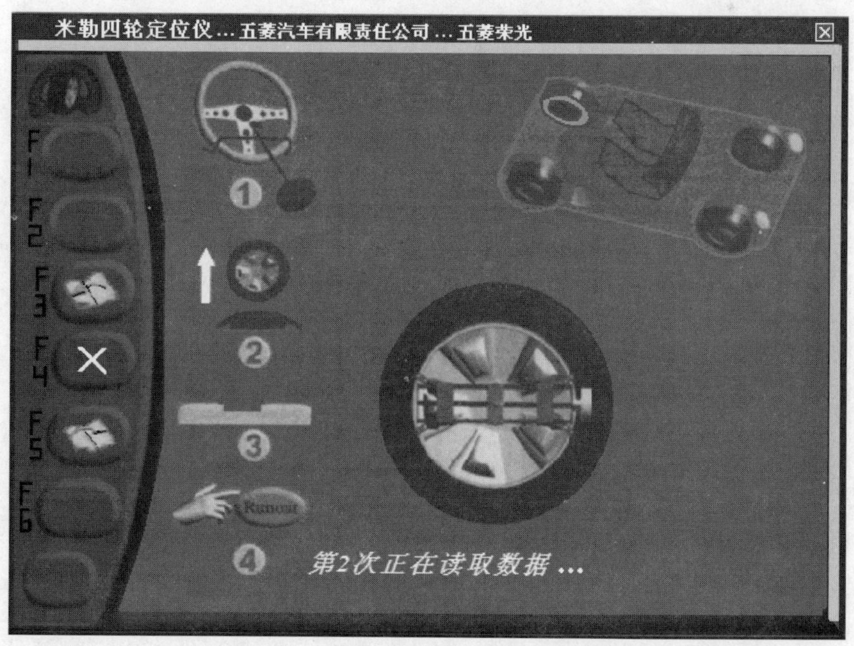

图 1-50　第 2 次读取该传感器的数据界面

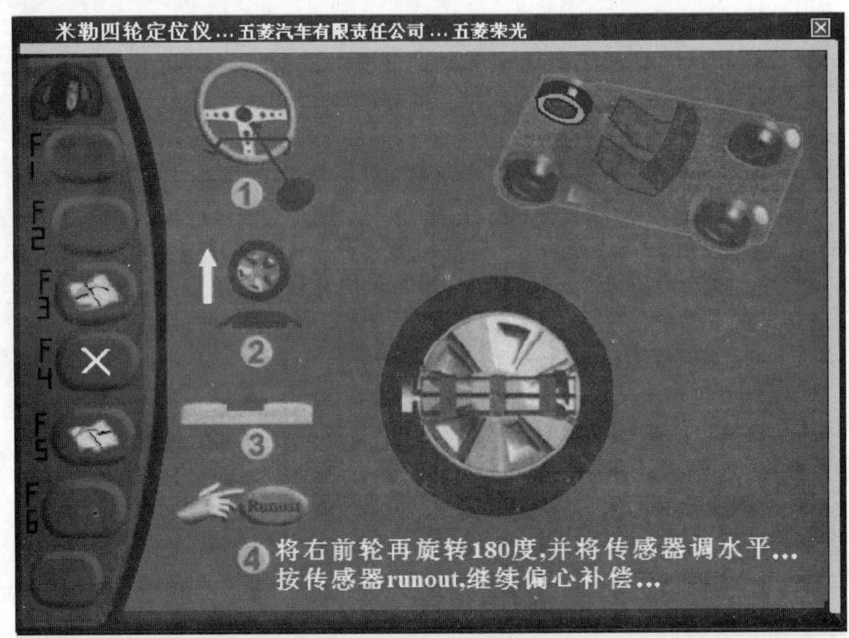

图 1-51 “车轮再旋转 180 度”的界面

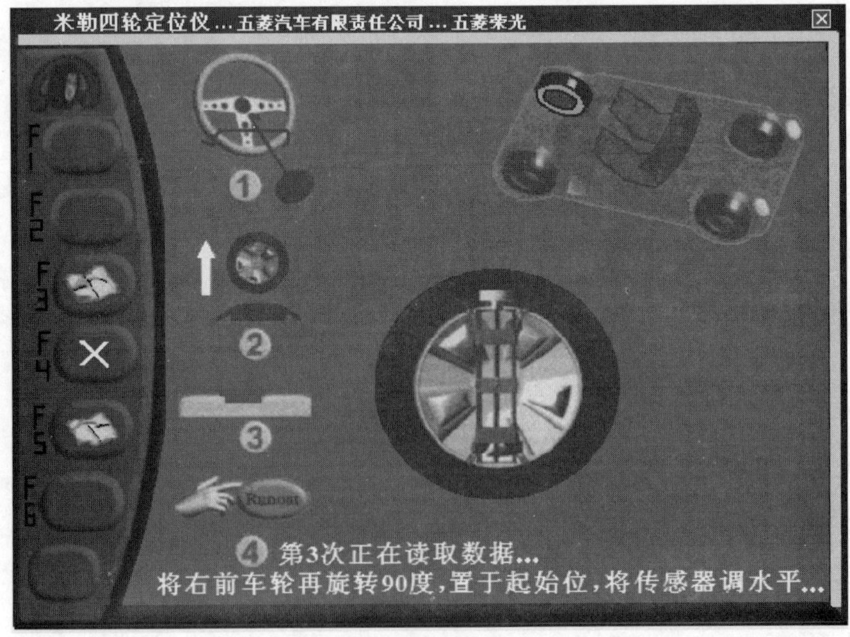

图 1-52 “车轮再旋转 90 度”的界面

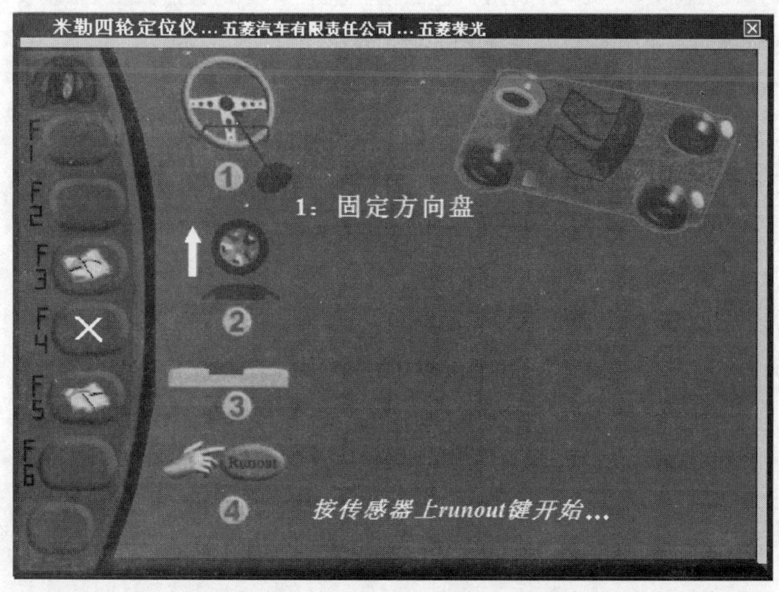

图 1-53　第 2 个轮辋“偏心补偿”调整开始界面

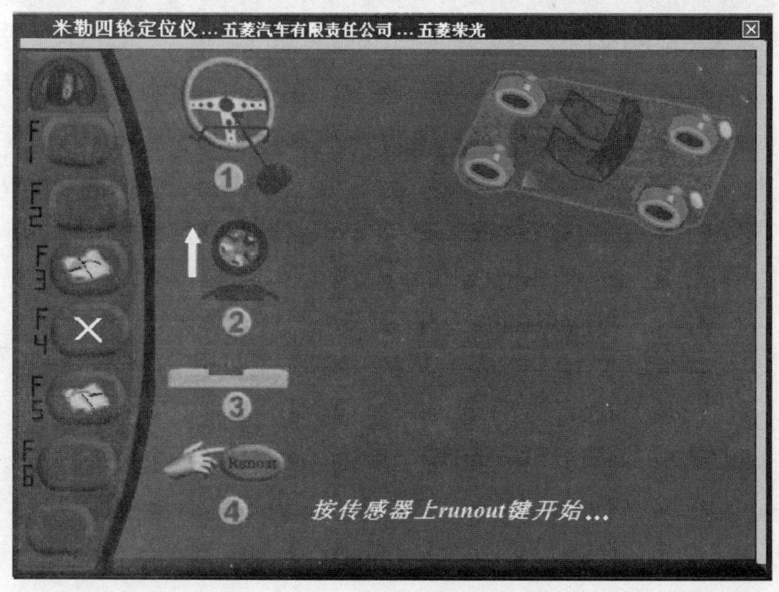

图 1-54　四个轮辋“偏心补偿”调整完成界面

a. 观察左前轮下的机械转角盘，将转向盘向左转 5°，然后电脑读取数据。“前轮向左转动”界面见图 1-55。

b. 电脑读取数据后，进入“向前轮右转动”界面，见图 1-56。观察右前轮下的机械转角盘，将转向盘向右转 5°，然后电脑读取数据。

c. 观察左前轮或右前轮下的机械转角盘，将转向盘回正后，然后电脑读取数据，PSD 系统“主销倾角测量”完成。接下来系统自动进入到查看“调整前检测结果”界面，见图 1-57。

图1-55 “前轮向左转动”界面

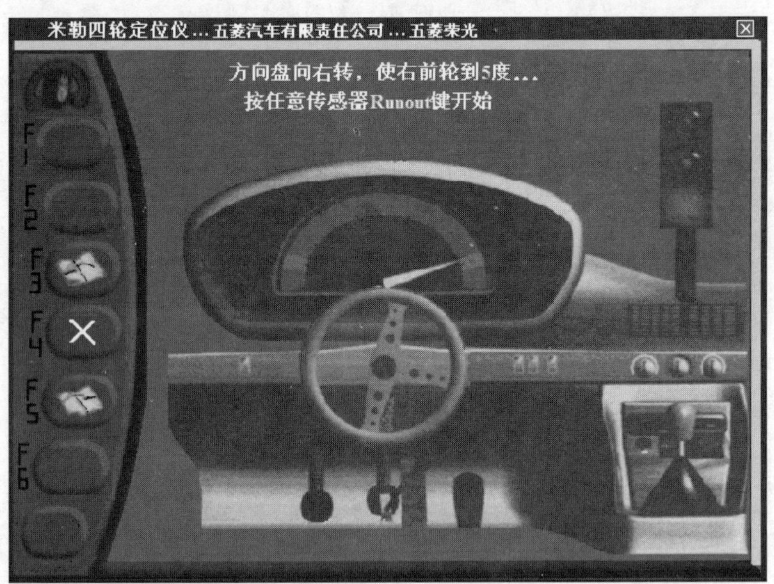

图1-56 “前轮向右转动”界面

注意：转向盘回正时应准确地停留在0°位置，否则，会影响前轮前束显示结果。

d. 按“F6”键打印“调整前检测”结果。

e. 完成后，按“OK”键，返回“米勒四轮定位仪主程序”界面。

(8)调整四轮定位。

调整包括前轮调整和后轮调整，做“调整”操作前先要锁住转向盘锁，锁住制动锁拉紧驻车制动器。转向盘锁及制动锁的安装见图1-58。

“米勒四轮定位仪主程序”界面中，按“调整”功能键，进入“调整”界面，见图1-59。

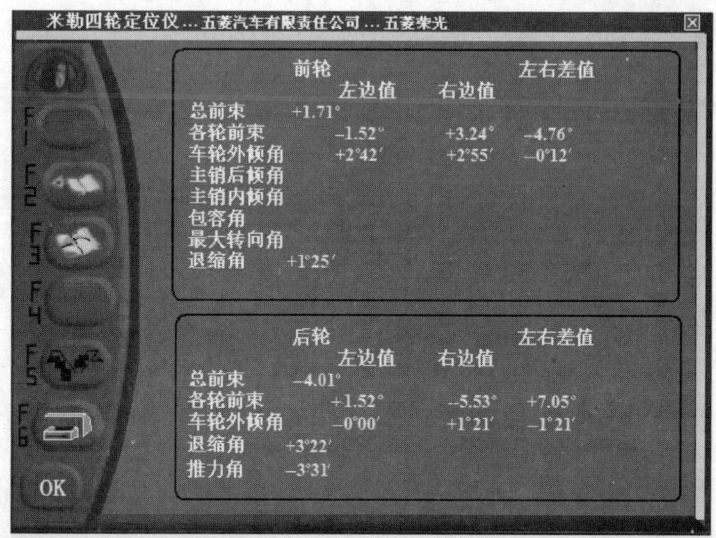

图 1-57　“调整前检测结果”界面

图 1-58　转向盘锁及制动锁的安装

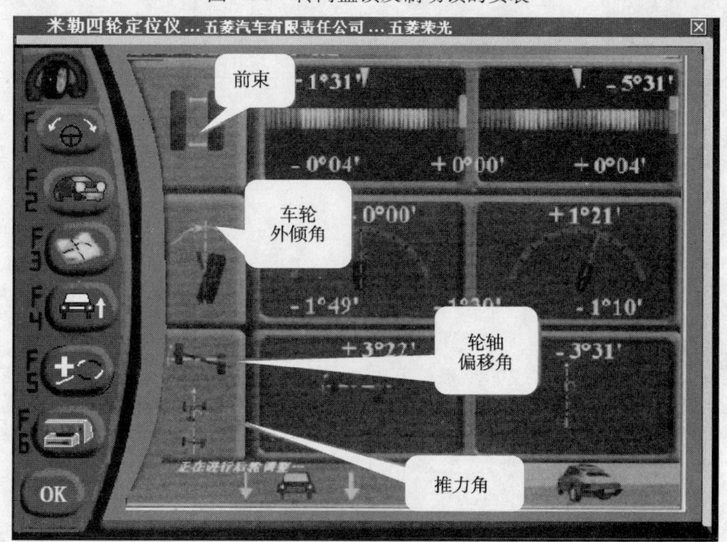

图 1-59　“调整”界面

调整的顺序规则为:先调后轮,再调前轮;后轮先调外倾角,后调前束角;前轮先调主销内倾角,后调外倾角,再调前束角。

在“调整”界面中,“F1”表示特殊调整功能(B5、A6),“F2”表示切换前、后轮调整画面,“F3”表示查看车辆标准数据,“F4”表示举车调整,“F5”表示调整画面放大,“F6”表示打印,“OK”表示调整结束,返回“米勒四轮定位仪主程序”界面。

①调整后轮。

在“调整”界面中,按“F2”键(切换选择后轮)进入“后轮调整”界面,该步主要是调整总前束、单轮前束、车轮外倾角、推力角、轮轴偏移角。

先调后轮外倾角,后调后轮前束角(车型具有哪项调整结构的就进行那一项的调整,如果没有调整结构就不用调整)。

②调整前轮。

在“调整”界面中,按“F2”键(切换选择前轮)进入“前轮轮调整”界面,该步主要是调整总前束、单轮前束、车轮外倾角、主销后倾角。

先调主销后倾角,再调外倾角,最后调前束角(车型具有哪项调整结构的就进行那一项的调整,如果没有调整结构就不用调整)。

③打印调整后的数据。

前、后轮调整完毕后,按“打印”功能按钮,打印出测得的数据。

(9)查询历史记录。

①在“客户信息”界面,按“F2”键进入“查询历史记录”界面,见图1-60。

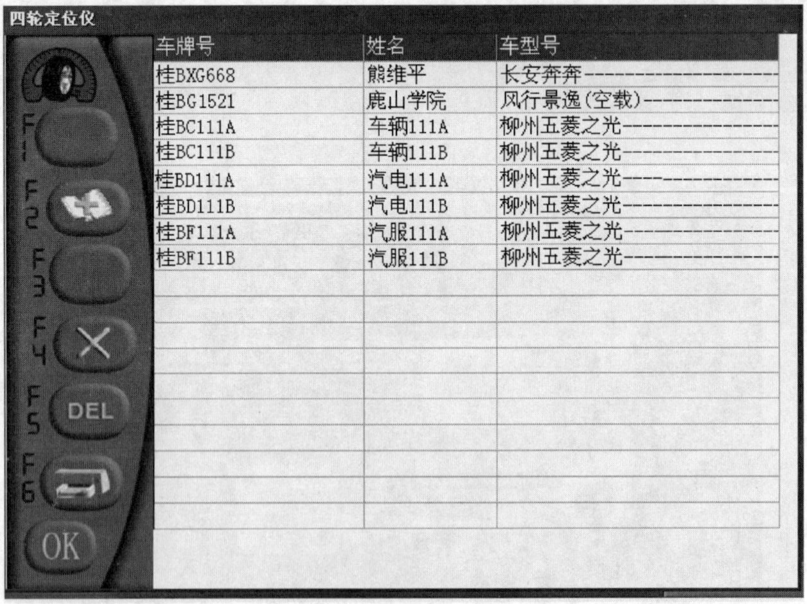

四轮定位仪

车牌号	姓名	车型号
桂BXG668	熊维平	长安奔奔
桂BG1521	鹿山学院	风行景逸(空载)
桂BC111A	车辆111A	柳州五菱之光
桂BC111B	车辆111B	柳州五菱之光
桂BD111A	汽电111A	柳州五菱之光
桂BD111B	汽电111B	柳州五菱之光
桂BF111A	汽服111A	柳州五菱之光
桂BF111B	汽服111B	柳州五菱之光

F1 F2 F3 F4 F5 DEL F6 OK

图1-60 “查询历史记录”界面

②移动鼠标选择目标,按“F2”键进入该目标车辆的“检测记录”界面,见图1-61。

③按“OK”键返回上一级菜单界面。

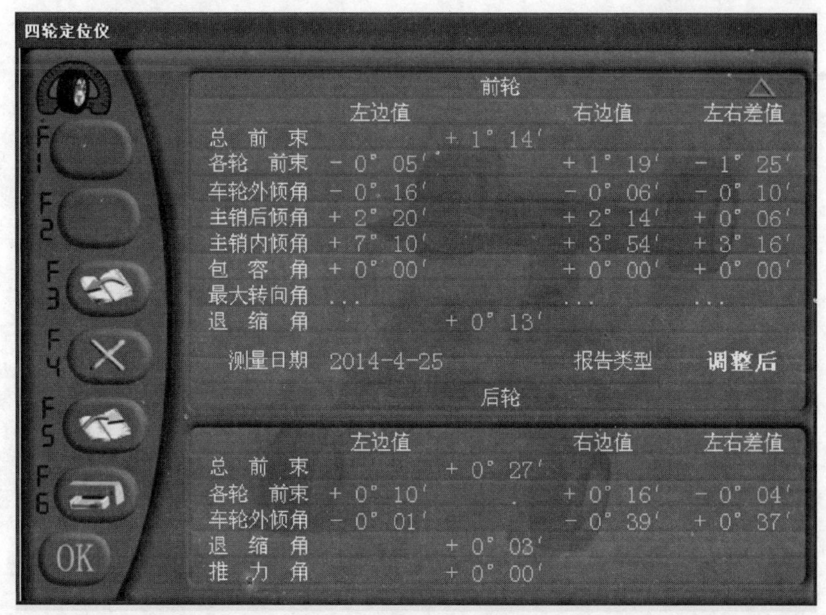

图1-61　车辆的“检测记录”界面

(10)结束操作。

四轮定位完成后,取下传感器,退出四轮定位程序,关闭电脑系统。

五、思考题

(1)为什么要进行四轮定位的检测?

(2)前、轮轮定位的调整顺序如何?

六、任务工单

任务八　车轮定位参数的检测及调整工作页

专业______　班级______　姓名______　学号______　组成员____________　日期______

学习情景	整车不解体检测	考核成绩	
工作任务	(1)知识目标:掌握车轮定位对汽车行驶的影响;掌握四轮定位设备的工作原理。 (2)技能目标:独立完成四轮定位的检测与调整的规范操作;完成四轮定位设备的维护		
工具准备	(1)ML-9000A-BT 四轮定位测量仪。 (2)五菱汽车。 (3)四柱举升机。 (4)常用工具		
资料收集			

续上表

<table>
<tr><td rowspan="2">技术方案</td><td colspan="6">（小组讨论检测流程，并简要说明）

（内容多可写背纸或附纸填写）</td></tr>
<tr></tr>
<tr><td rowspan="2">工作安排</td><td>工作项目</td><td>组织实施及安全负责人</td><td>资料收集与记录员</td><td>检测设备负责人</td><td>被测设备负责人</td><td>检测场地负责人</td></tr>
<tr><td>组员分工</td><td></td><td></td><td></td><td></td><td></td></tr>
<tr><td>实施步骤</td><td colspan="6">（内容多可写背纸或附纸填写）</td></tr>
<tr><td>资料记录</td><td colspan="6">（内容多可写背纸或附纸填写）</td></tr>
<tr><td>小组实训总结</td><td colspan="6">（内容多可写背纸或附纸填写）</td></tr>
</table>

实训指导教师＿＿＿＿＿＿　　日期＿＿＿＿＿＿

任务九　汽车最小转弯直径的检测

一、学习目标

知识目标	技能目标
了解影响汽车最小转弯直径和内轮差的主要因素	规范完成汽车最小转弯直径检测

二、主要仪器设备的型号和规格

(1)五菱微型汽车(或其他车型)。

(2)角度转向盘、千斤顶、30m 皮尺。

(3)浇水器。

三、检测工作原理

汽车的最小转弯直径和内轮差是汽车通过性的重要轮廓参数。汽车转向角是指汽车前轮向左或者向右转到极限位置与前轮不发生偏转时中心线所形成的角度。一般汽车的转向角为 30°~40°。

车辆在转向行驶过程中,转向盘向左或向右转到极限位置时,车辆外转向轮印迹中心在其支承面上的轨迹圆直径中的较大者,称为车辆的最小转弯直径。它表征车辆在最小面积内的回转能力和通过狭窄弯曲地带或绕过障碍物的能力。转向轴和末轴的内轮印迹中心在车辆支承平面上的轨迹圆之差,称为内轮差,见图 1-62。

GB 7258—2012《机动车运行安全技术条件》规定:机动车辆的最小转弯直径,以前轮的轨迹中心为基线,测量其值不得大于 24m。当转弯直径为 24m 时,前转向轴和末轴的内轮差(以两内轮轨迹中心计)不得大于 3.5m。最小转弯直径越小,则汽车通过性越好。

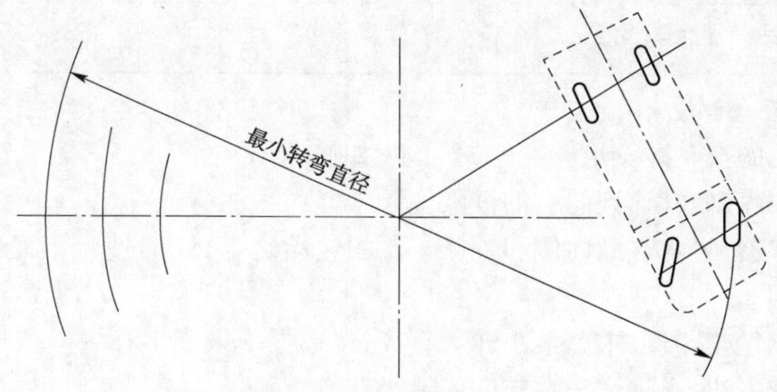

图 1-62　最小转弯直径示意图

四、试验方法、步骤及工作内容

1. 转向角、轴距、轮距的测量

(1)将被检测的汽车开至平直宽敞的场地,拉起驻车制动器,按直线行驶的方向停放。

(2)用皮尺测量转向轮轮距和轴距。

(3)用千斤顶顶起左、右前轮,将角度转向盘分别放置在左、右前轮正下方。

(4)调好角度转向盘的零点,将左、右前轮放下并压住角度转向盘。

(5)向左转动转向盘,使其达到极限位置。

(6)读左转向时最大内侧转向角和外侧转向角。

(7)向右转动转向盘,使其达到极限位置。

(8)读右转向时最大内侧转向角和外侧转向角。

(9)将数据填入表 1-11 中。

汽车最小转弯直径测定记录表 表 1-11

车辆型号________ 制造厂________ 装载质量________kg

车 辆 长________mm 车辆宽________mm 轮胎气压________kPa

前 轮 距________mm 后轮距________mm 轴 距________mm

前轮最大转向角(°):

左转:左轮________ 右轮________ 右转:左轮________ 右轮________

试验地点________ 路面状况________

试验日期________ 试 验 者________

回转方向 测定项目	左转(mm)	右转(mm)
前外轮最小转弯直径 d_1		
后外轮最小转弯直径 d_2		
最远点最小转弯直径 d_3		
最近点最小转弯直径 d_4		
最大通道宽度 $B=(d_3-d_4)/2$		

2. 最小转弯直径测量

(1)将被检测的汽车开至足够宽敞的场地(如篮球场)。

(2)转动转向盘,使其达到向右的极限位置。

(3)接通浇水器,将水淋到内侧和外侧车轮的轮胎之上,同时使汽车以低于 5km/h 的速度做圆周行驶。

(4)用皮尺测量轮印迹,求出最小转弯直径,将数据填入表 1-11 中。

(5)用同样的方法,求出汽车左转向的最小转弯直径。

(6)左右两次的最大值,即为汽车的最小转弯直径。

五、思考题

(1)为何汽车转向时内侧转向轮偏转角大于外侧转向轮偏转角?

(2)影响最小转弯直径和内轮差的主要因素是什么?

六、任务工单

任务九　汽车最小转弯直径的检测工作页

专业______　班级______　姓名______　学号_______　组成员______________　日期______

<table>
<tr><td>学习情景</td><td colspan="4">整车不解体检测</td><td>考核成绩</td><td></td></tr>
<tr><td>工作任务</td><td colspan="6">(1)知识目标:了解影响汽车最小转弯直径和内轮差的主要因素。
(2)技能目标:懂得汽车最小转弯直径检测的操作方法</td></tr>
<tr><td>工具准备</td><td colspan="6">(1)五菱微型车(或其他车型)。
(2)角度转向盘、千斤顶、30m 皮尺。
(3)浇水器</td></tr>
<tr><td>资料收集</td><td colspan="6"></td></tr>
<tr><td>技术方案</td><td colspan="6">(小组讨论检测流程,并简要说明)
(内容多可写背纸或附纸填写)</td></tr>
<tr><td rowspan="2">工作安排</td><td>工作项目</td><td>组织实施及安全负责人</td><td>资料收集与记录员</td><td>检测设备负责人</td><td>被测设备负责人</td><td>检测场地负责人</td></tr>
<tr><td>组员分工</td><td></td><td></td><td></td><td></td><td></td></tr>
<tr><td>实施步骤</td><td colspan="6">(内容多可写背纸或附纸填写)</td></tr>
<tr><td>资料记录</td><td colspan="6">(内容多可写背纸或附纸填写)</td></tr>
<tr><td>小组实训总结</td><td colspan="6">(内容多可写背纸或附纸填写)</td></tr>
</table>

实训指导教师____________　日期____________

任务十　转向盘转向力、自由转角检测

一、学习目标

知识目标	技能目标
了解汽车转向盘最大转向力自由转角检测的原理	1. 正确完成汽车转向盘最大转向力自由转角检测； 2. 独立完成汽车转向盘转矩检测仪的维护

二、主要仪器设备的型号和规格

(1)五菱微型汽车(或其他车型)。

(2)微电脑转向盘转动量、转矩检测仪。

(3)皮尺。

三、检测工作原理

汽车的转向盘最大转向力、自由转角是评价汽车操作稳定性能的重要参数。

GB 7258—2012《机动车运行安全技术条件》规定:机动车转向盘的最大自由转动量从中间位置向左右各不得超过15°;机动车在平坦、硬实、干燥和清洁水泥或沥青道路上行驶,以10km/h的速度在5s之内沿螺旋线从直线行驶过渡到直径为24m的圆周行驶(即“8”或“S”字形行驶测量法,见图1-63和图1-64),施加于转向盘外缘的最大切向力不应大于245N。

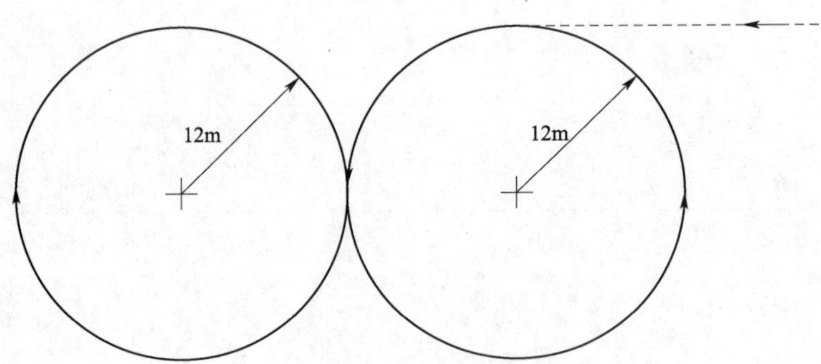

图1-63　“8”字形行驶测量法

利用微电脑转向盘转动量、转矩检测仪能进行测量汽车、拖拉机、工程机械及其他转向盘式车辆的转向性能试验,可以测量转向盘的自由转角、原地转向力、转向盘转矩、转向盘自由转角参数。

四、试验方法、步骤及工作内容

1. 试验准备

将被检测的汽车开至足够宽敞的场地,按图1-63或图1-64画好测量场地示意图。

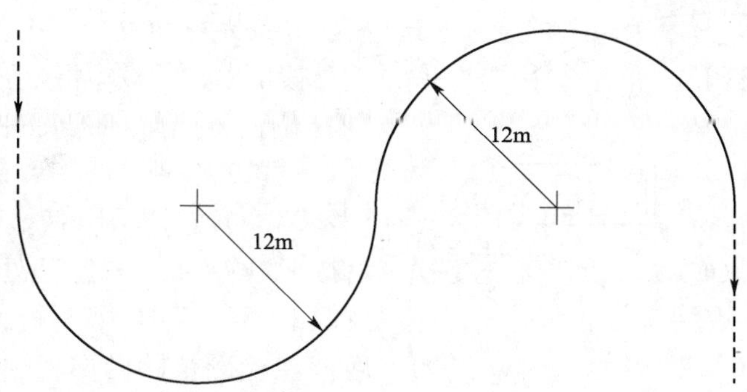

图 1-64 “S”字形行驶测量法

2. 仪器安装

(1)安装检测仪。

测量前应将转向参数测试仪可靠地安装在被测车辆的转向盘上，见图 1-65。安装时松开连接叉三只伸缩爪上的紧固螺钉，松开连接卡环，将卡环扣在被测车辆的转向盘上并拧紧螺钉，调整三只伸缩的卡子，使仪器的回转中心与被测车辆转向盘的回转中心重合，旋紧伸缩爪上的紧固螺钉并反复转动仪器的操纵盘，确认仪器连接无松动现象。

(2)安装“定位杆”(注:安装“定位杆”用于测量自由转角)。

调至“定位杆”的长度，将皮碗湿润后吸在被测车辆风窗玻璃(或仪表板)上，再将另一端插入仪器中心的转角传感器轴上，并锁紧，见图 1-66。仪器操作面板，见图 1-67。

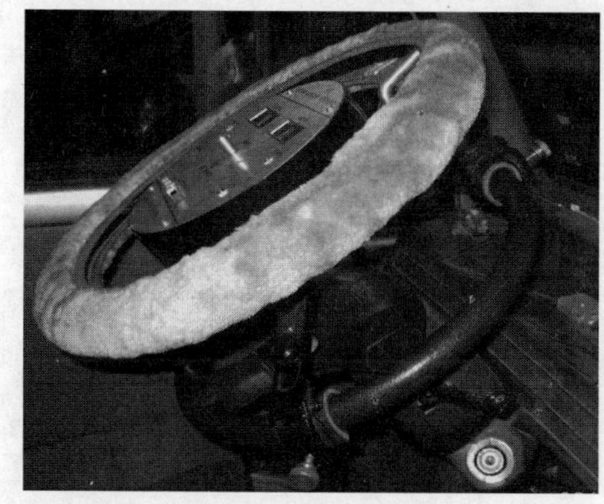

图 1-65 安装检测仪

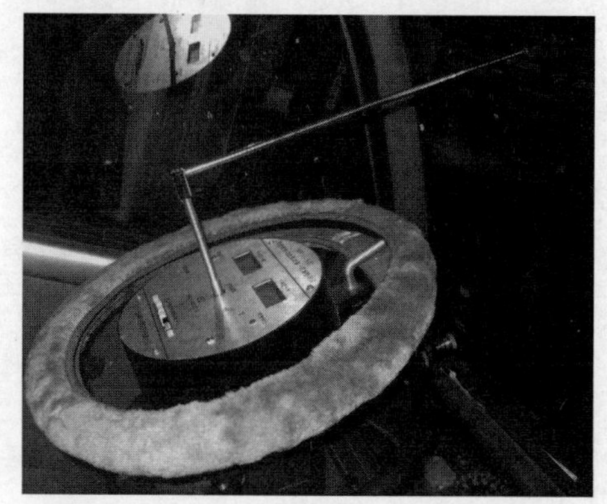

图 1-66 安装“定位杆”

(3)用皮尺测量被测车辆转向盘的直径。

3. 原地转向力检测

将被测车辆停放在平坦、硬实、干燥和清洁的水泥或者沥青道路上。按下电源开关，将“左/右”键置“左”或“右”位置，将“峰/时”键弹起，使其处在实时测量位置，将“保持”键弹起，分别调节“转角调零”和“转矩调零”，使显示器读数为零。然后按下“峰/时”键，使其处于峰值测量状态，按两下“复位”键(使复位键按下再弹起)，然后握住检测仪的转向盘左转(或右转)，转矩显示器上的数值就是“左/右”键所选择的左转或右转的原地转向力矩。原地转向力为显示器的读数除以被测车辆转向盘的直径（转向盘直径单位是“m”，转向力单位是“N”）。

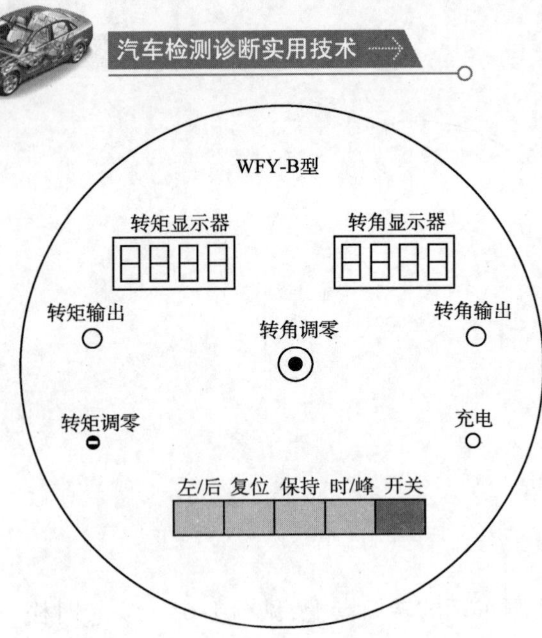

图 1-67　仪器操作面板

4. 最大转向力检测

按下电源开关，将“左/右”键置“左”或“右”位置，将“峰/时”键弹起，使其处在实时测量位置，将“保持”键弹起，分别调节“转角调零”和“转矩调零”，使显示器读数为零。然后按下“峰/时”键，使其处于峰值测量状态，按两下“复位”键（使复位键按下再弹起），然后握住检测仪的转向盘，按照国家标准要求的测试方法，进行“8”字形行驶或进行“蛇”形行驶，行驶结束后，转矩显示器上的数值就是行驶过程中左转（或右转）最大转向力矩。最大转向力为显示器的读数除以被测车辆转向盘的直径（转向盘直径单位是“m”，转向力单位是“N”）。

5. 转向盘的自由转角检测

将被检测车辆停放在平坦、硬实、干燥和清洁的水泥或者沥青道路上。打开电源开关，“左/右”键选在任一位置上，“保持”键弹起，“峰/时”键在实时位置上，分别调整“转矩调零”和“转角调零”使各显示器读数为零，再将“定位杆” 安装好。然后向左或向右转动转向盘，显示器上的转角、转矩不断增加，当转向盘转到力矩达到 5N · m 时记录转角显示器的读数，然后向反方向转转向盘，当力矩达到 5N · m 时，再记录转角读数，两个读数的绝对值之和就是转向盘的自由转角。

6. 填写测量数据

将检测的数据填入表 1-12 中。

转向盘转向力、自由转角检测记录表　　表 1-12

测量项目 / 测量值 / 测量方式	转向盘直径（m）	转向力矩（N · m）	转向力（N）	右转角（°）	左转角（°）	自由转角（°）
原地右转向				—	—	—
原地左转向				—	—	—
行驶右转向				—	—	—
行驶左转向				—	—	—
自由转角检测	—	—	—			

五、思考题

（1）影响汽车转向盘最大转向力、自由转角的主要因素是什么？

（2）最大转向力、自由转角的大小对汽车的驾驶有何影响？

六、任务工单

任务十 转向盘转向力、自由转角检测工作页

专业______ 班级______ 姓名______ 学号________ 组成员________________ 日期______

<table>
<tr><td>学习情景</td><td colspan="4">整车不解体检测</td><td>考核成绩</td><td></td></tr>
<tr><td>工作任务</td><td colspan="6">(1)知识目标:了解汽车转向盘最大转向力自由转角检测的原理。
(2)技能目标:懂得汽车转向盘最大转向力自由转角检测的操作方法;完成汽车转向盘转矩检测仪的维护</td></tr>
<tr><td>工具准备</td><td colspan="6">(1)五菱微型车(或其他车型)。
(2)微电脑转向盘转动量、转矩检测仪。
(3)皮尺</td></tr>
<tr><td>资料收集</td><td colspan="6"></td></tr>
<tr><td>技术方案</td><td colspan="6">(小组讨论检测流程,并简要说明)

(内容多可写背纸或附纸填写)</td></tr>
<tr><td rowspan="2">工作安排</td><td>工作项目</td><td>组织实施及安全负责人</td><td>资料收集与记录员</td><td>检测设备负责人</td><td>被测设备负责人</td><td>检测场地负责人</td></tr>
<tr><td>组员分工</td><td></td><td></td><td></td><td></td><td></td></tr>
<tr><td>实施步骤</td><td colspan="6">
(内容多可写背纸或附纸填写)</td></tr>
<tr><td>资料记录</td><td colspan="6">
(内容多可写背纸或附纸填写)</td></tr>
<tr><td>小组实训总结</td><td colspan="6">
(内容多可写背纸或附纸填写)</td></tr>
</table>

实训指导教师__________ 日期__________

任务十一　汽车车轮滚动半径的检测

一、学习目标

知识目标	技能目标
掌握汽车车轮滚动半径检测的方法和注意事项	1. 懂得汽车车轮滚动半径的计算； 2. 了解汽车车轮滚动半径对汽车行驶的影响

二、主要仪器设备的型号和规格

(1)五菱微型汽车(或其他车型)。

(2)千斤顶。

(3)皮尺。

三、检测工作原理

汽车静止时,车轮中心至轮胎与道路接触面之间的距离称为静力半径(滚动半径)r_r,由于径向载荷的作用,轮胎发生显著变形,所以静力半径小于自由半径。自由半径是轮胎没有装车前的轮胎半径,滚动半径是装车之后,轮胎受压后的半径。

滚动半径可由试验测得,见图1-68。如以车轮转动圈数与实际车轮滚动距离之间的关系来换算,则可求得车轮的滚动半径为:

$$r_r = \frac{S}{2 \times \pi \times n_w}$$

式中:r_r——滚动半径;

n_w——车轮转动的圈数;

S——汽车车轮转动 n_w 圈时车轮滚动的距离。

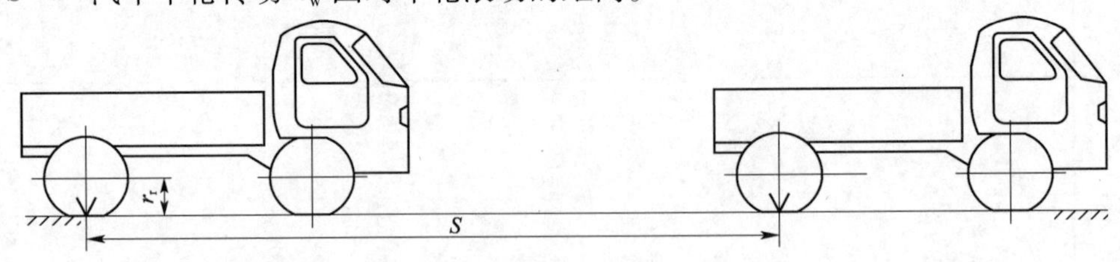

图1-68　滚动半径检测示意图

四、试验方法、步骤及工作内容

(1)检察车轮气压是否符合要求。用千斤顶顶起被测车轮,测量车轮自由半径(采用测量周长的方法)。

(2)将汽车按照直线行驶方向,停置在平直的道路上,并拉起驻车制动器。

(3)在被测车轮(驱动轮)中心至轮胎与道路接触面中心点,各作一个记号。

(4)松开驻车制动器,使汽车按照直线方向以低于5km/h的速度行驶,使车轮转动10

圈后，将车停下。

(5)用皮尺测量车轮转动10圈后汽车行驶的距离。分别做空载和满载两种情况下的检测。

(6)根据公式 $r_{\mathrm{r}}=\dfrac{S}{2\times\pi\times n_{\mathrm{w}}}$，求出车轮的滚动半径。

五、思考题

(1)影响车轮滚动半径的主要因素是什么？

(2)车轮滚动半径与汽车行驶速度、行驶距离有什么关系？

六、任务工单

任务十一　汽车车轮滚动半径的检测工作页

专业_____　班级_____　姓名_____　学号_____　组成员__________　日期_____

<table>
<tr><td>学习情景</td><td colspan="4">整车不解体检测</td><td>考核成绩</td><td></td></tr>
<tr><td>工作任务</td><td colspan="6">(1)知识目标：掌握汽车车轮滚动半径检测的方法和注意事项。
(2)技能目标：懂得汽车车轮滚动半径的计算；了解汽车车轮滚动半径对汽车行驶的影响</td></tr>
<tr><td>工具准备</td><td colspan="6">(1)五菱微型汽车(或其他车型)。
(2)千斤顶。
(3)皮尺</td></tr>
<tr><td>资料收集</td><td colspan="6"></td></tr>
<tr><td>技术方案</td><td colspan="6">(小组讨论检测流程，并简要说明)
(内容多可写背纸或附纸填写)</td></tr>
<tr><td rowspan="2">工作安排</td><td>工作项目</td><td>组织实施及安全负责人</td><td>资料收集与记录员</td><td>检测设备负责人</td><td>被测设备负责人</td><td>检测场地负责人</td></tr>
<tr><td>组员分工</td><td></td><td></td><td></td><td></td><td></td></tr>
<tr><td>实施步骤</td><td colspan="6">(内容多可写背纸或附纸填写)</td></tr>
<tr><td>资料记录</td><td colspan="6">(内容多可写背纸或附纸填写)</td></tr>
<tr><td>小组实训总结</td><td colspan="6">(内容多可写背纸或附纸填写)</td></tr>
</table>

实训指导教师_________　日期_________

任务十二　汽车噪声的检测

一、学习目标

知识目标	技能目标
1. 了解汽车运行时产生噪声的主要原因； 2. 掌握汽车噪声检测数据分析的依据	1. 懂得汽车噪声测定设备的维护； 2. 懂得汽车噪声测定的方法

二、主要仪器设备的型号和规格

(1) AZ8928 数字声级计、风速仪、皮尺等。

(2)五菱微型汽车(或其他车型)。

三、检测工作原理

汽车噪声是一个由多种声源组成的综合性噪声。噪声的影响因素很多,例如底盘结构、发动机类型、车身结构、吸音措施、运行工况、路面状况等。因此,用某一特定状况来模拟汽车发出的噪声是很困难。通常,只能简单再现汽车使用中的某种工况来进行测定。汽车工作时发出的噪声传到声级计,声级计用“A”或“C”计权网络对汽车噪声进行测量评价,声级计将其噪声转换成电信号,根据被测噪声的大小得出相对应的电压值,然后经仪器内的计算机处理换算得出对应的噪声强度由屏幕读出。汽车噪声的测定方法可分为通过噪声的试验方法、停车噪声的试验方法、车内噪声的试验方法三类。本检测对车外、车内噪声和汽车喇叭声级进行测量。

图 1-69　AZ8928 数字声级计

四、试验方法、步骤及工作内容

依据 GB 1495—2002《汽车加速行驶车外噪声限值及测量方法》、GB 7258—2012《机动车运行安全技术条件》进行检测。

1. AZ8928 数字声级计的使用

AZ8928 数字声级计见图 1-69。

(1)“ON/OFF”键。

按一下,接通电源,仪器经几秒钟的自检后,进入随机测量状态。再按一下,关闭电源。如果在开机后,10min 内不按任何键,仪器将自动关机。

(2)“RECORD”键。

在随机测量状态下,按第一次“RECORD”键便进入记录测量状态,按第二次“RECORD”键暂停本次记录测量并显示当前最小测量值,按第三次“RECORD”键显示当前最大测量值。如按住

"RECORD"键 3s 以上,便可退出记录测量状态,返回到随机测量状态。

(3)"FAST/SLOW"键。

在随机测量状态下,按"FAST/SLOW"键可选择"快速"或"慢速"的测量方式。每按一次改变当前状态,依次循环。

(4)"RANGE"键。

在随机测量状态下,按"RANGE"键可在 40 ~ 130dB 内选择量程,每按一次递增 10dB,依次循环。

(5)"A/C"键。

在随机测量状态下,按"A/C"键可选择"A"权或"C"权的测量方式。每按一次改变当前状态,依次循环。

(6)"MAX HOLD"键。

在随机测量状态下,按"MAX HOLD"键可选择"显示最大测量值"的测量方式。每按一次改变当前状态,依次循环。

2. 车外噪声测量

1)测量条件

(1)测量场地应平坦而空旷,在小于 50m 为半径的测试范围内,不应有大的反射物,如建筑物围墙等。

(2)测试场地跑道应有 20m 以上的平直、干燥的沥青路面或混凝土路面。

(3)本底噪声(包括风噪声)应比所测车辆噪声至少低 10dB,并保证测量不被偶然的其他声源所干扰(注:本底噪声系指测量对象噪声不存在时,周围环境的噪声)。

(4)为避免风噪声干扰,可采用防风罩,但应注意防风罩对声级计灵敏度的影响。

(5)声级计附近除测量者外,不应有其他人员。

(6)被测车辆不载货;测量时发动机应处于正常使用温度。

2)测量场地及测点位置

(1)测量场地示意图见图 1-70。

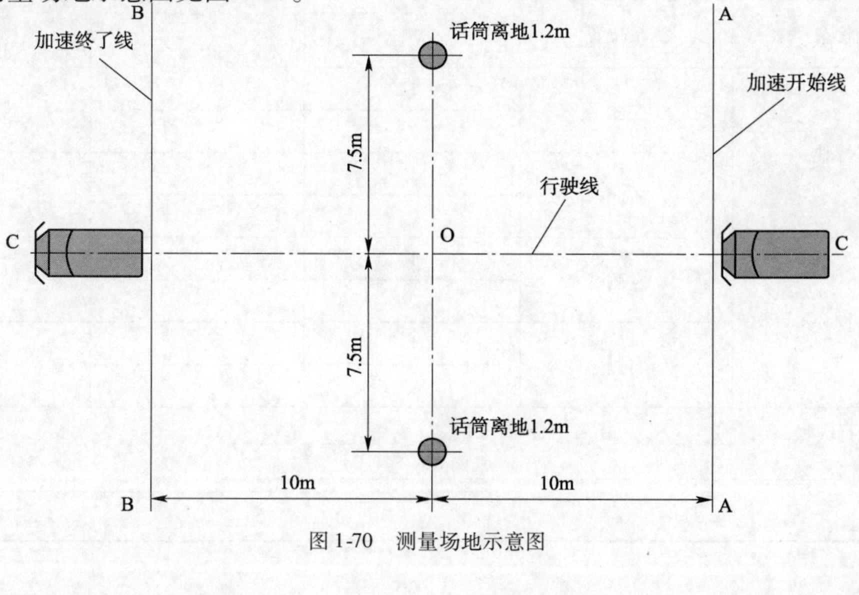

图 1-70　测量场地示意图

(2)测试话筒位于20m跑道中心点O两侧,各距中线7.5m,距地面高度为1.2m,用三脚架固定。话筒平行于路面,其轴线垂直于车辆行驶方向。

3)加速行驶车外噪声测量方法

(1)车辆须按下列规定条件稳定地到达始端线。

行驶挡位:3挡。发动机转速:3750r/min(标定转速的3/4)。相当于车辆以30km/h的车速稳定地到达始端线。

(2)从车辆前端到达始端线开始,立即将加速踏板踏到底,使节气门全开,直线加速行驶,当车辆后端到达始端线时,立即停止加速。

(3)测量时声级计用"A"计权网络"快"挡,读取车辆驶过时的声级计表头最大读数。

(4)同样的测量往返进行一次。车辆同侧两次测量结果之差不应大于2dB,并把测量结果记入表1-13中,取每侧两次声级的平均值中最大值作为被测车辆的最大噪声级。若只用一个声级计测量,同样的测量应进行四次,即每侧测量两次。

4)匀速行驶车外噪声测量方法

(1)车辆挂4挡、加速踏板位置保持稳定,以40km/h(或者50 km/h,视道路安全情况而定)的车速匀速通过测量区。

(2)测最时声级计用"A"计权网络"快"挡进行测量,读取车辆驶过时声级计的最大读数。

(3)同样的测量往返进行一次,车辆同侧两次测量结果之差不应大于2dB。将把测量结果记入表1-13。若只用一个声级计测量,同样的测量应进行四次。机动车辆车外允许噪声标准见表1-14。

车外噪声测量记录表 表1-13

车辆型号______ 测量地点______ 发动机标定转速______r/min
车辆牌号______ 路面状况______ 加速起始发动机转速______r/min
测量仪器______ 本底噪声______dB(A) 前进挡位______
测量日期______ 风　速______m/s 匀速行驶车速______km/h

行驶状态	测量位置	次数	噪声级 dB(A)	平均值 dB(A)
加速行驶	左侧	1		
		2		
	右侧	1		
		2		
匀速行驶	左侧	1		
		2		
	右侧	1		
		2		

车辆最大行驶噪声级______dB(A) 记录人______
测量人员______

备注:

机动车辆车外允许噪声标准(GB 1495—2002)　　表 1-14

车 辆 种 类	2002.10.1 至 2004.12.30 期间生产的汽车	2005.1.1 以后生产的汽车
M1(7 座以下客车、轿车、微型车)	77dB(A)	74dB(A)
M2(≤3.5t)、N1(≤3.5t): GVM≤2t 2t < GVM≤3.5t	 78dB(A) 79dB(A)	 76dB(A) 77dB(A)
M2(3.5~5t)、N3(>5t): P < 150kW P≥150 kW	 82dB(A) 85dB(A)	 80dB(A) 83dB(A)
N2(3.5~12t)、N3(>12t): P < 75kW P:75~150kW P > 150kW	 83dB(A) 86dB(A) 88dB(A)	 81dB(A) 83dB(A) 84dB(A)

3. 车内噪声测量方法

1)车内噪声测量条件

(1)测量场地应有足够试验所需长度和宽度的干燥沥青路面或混凝土路面。

(2)测量时风速(指相对于地面)应不大于 3m/s。

(3)测量时车辆门窗应关闭。若车内带有其他辅助设备是噪声源,测量时是否开动,应按正常使用情况而定。

(4)车内本底噪声比所测车内噪声低 10dB,并保证测量不被偶然的其他声源所干扰。

(5)车内除驾驶员和测量人员外,不应有其他人员。

2)测量方法

(1)驾驶员耳旁噪声测量:汽车空载处于静止状态且置变速器于空挡,发动机应处于额定转速状态,门窗紧闭。

(2)客车车内噪声测量:车辆以常用挡位、50km/h 车速匀速行驶。

(3)用声级计"A"级计权和快挡"FAST"位置,读取表头最大读数值,将测量结果记入表 1-15中。

(4)驾驶室内噪声测点的位置如图 1-71 所示。

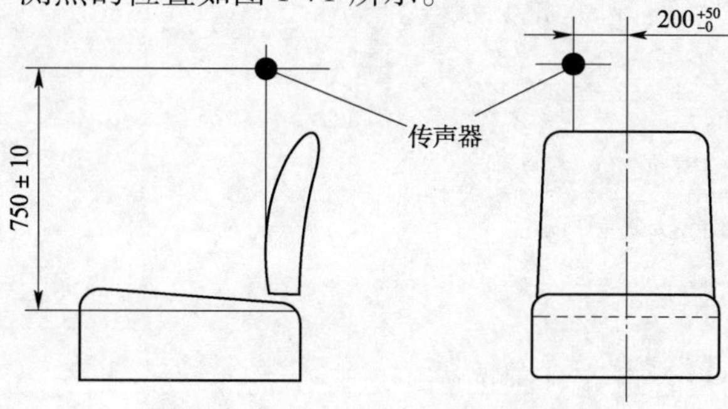

图 1-71　驾驶室内噪声测点的位置

GB 7258—2012 规定：客车车内最大噪声级 <79dB，驾驶员耳旁噪声级 <86dB。

车内噪声测量记录表　　　　表 1-15

车辆型号________ 测量地点________ 发动机标定转速________r/min
车辆牌号________ 路面状况________ 行驶车速________km/h
测量仪器________ 本底噪声________dB(A) 挡　　位________
风　　速________m/s 测量日期________
记录人________
测量人员________

声级计测量条件	客车车内噪声级 dB (A)	驾驶员耳旁噪声级 dB (A)
"A"计权"快"挡测量		

4. 喇叭声级的检测

1）检测条件

（1）距离车前 2m、离地面 1.2m 处用声级计测量，测量场地示意图见图 1-72。

（2）声级计网络开关调整到"A"级计权和快挡"FAST"位置。

（3）检测环境的本底噪声应小于 80dB(A)。

（4）按响喇叭保持发声 2s 以上，读取检测数据，声强级 90 ~ 105dB(A) 为合格。

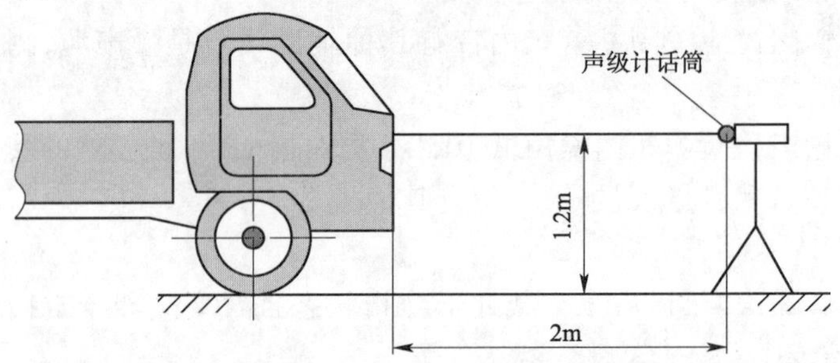

图 1-72　测量场地示意图

2）检测操作

（1）按"ON/OFF"键，接通电源。

（2）按"MAX HOLD"键，进入检测状态。

（3）按响汽车喇叭 2s。

（4）读取最大值数。

（5）按"MAX HOLD"键，退出检测。

（6）按"ON/OFF"键，关断电源。

五、思考题

（1）为何汽车左侧与右侧所测到的噪声级不一样？

（2）两个声强级为 100dB 的发声源同时发声，其声强级大约为多少？

六、任务工单

任务十二　汽车噪声的检测工作页

专业______　班级______　姓名______　学号________　组成员________________　日期______

<table>
<tr><td>学习情景</td><td colspan="4">整车不解体检测</td><td>考核成绩</td><td></td></tr>
<tr><td>工作任务</td><td colspan="6">(1)知识目标:了解汽车运行时产生噪声的主要原因;掌握检测数据分析的依据。
(2)技能目标:懂得汽车噪声测定设备的维护;懂得汽车噪声测定的方法</td></tr>
<tr><td>工具准备</td><td colspan="6">(1)AZ8928 数字声级计、风速仪、皮尺等。
(2)五菱微型汽车</td></tr>
<tr><td>资料收集</td><td colspan="6"></td></tr>
<tr><td>技术方案</td><td colspan="6">(小组讨论检测流程,并简要说明)

(内容多可写背纸或附纸填写)</td></tr>
<tr><td rowspan="2">工作安排</td><td>工作项目</td><td>组织实施及安全负责人</td><td>资料收集与记录员</td><td>检测设备负责人</td><td>被测设备负责人</td><td>检测场地负责人</td></tr>
<tr><td>组员分工</td><td></td><td></td><td></td><td></td><td></td></tr>
<tr><td>实施步骤</td><td colspan="6">
(内容多可写背纸或附纸填写)</td></tr>
<tr><td>资料记录</td><td colspan="6">
(内容多可写背纸或附纸填写)</td></tr>
<tr><td>小组实训总结</td><td colspan="6">
(内容多可写背纸或附纸填写)</td></tr>
</table>

实训指导教师____________　日期____________

任务十三　前照灯灯光的检测与调整

一、学习目标

知识目标	技能目标
1. 掌握汽车前照灯灯光性能的评价指标和技术要求； 2. 了解灯光强度的相关知识	1. 独立完成汽车前照灯灯光的检测； 2. 独立完成汽车前照灯灯光的调整作业

二、主要仪器设备的型号和规格

(1)五菱微型汽车。

(2)FD-2 前照灯检测仪、FX-101 数字光度表、屏幕、常用工具等。

三、检测工作原理

(1)前照灯灯光的检测可采用屏幕法,测量前照灯光束照射位置,用数字光度表检测前照灯的发光强度。

(2)前照灯灯光的检测可采用前照灯检测仪,测量前照灯光束照射位置及发光强度。

(3)评价光的物理量有发光强度和照度。

发光强度是指光源发光强弱的物理量,单位为坎(坎德拉),单位符号为 cd。国际单位制规定:一个光源发出频率为 540THz 单色辐射光,在一定方向上的辐射强度为 1/683W/sr (即每球面度 1/683W),光源在该方向上的发光强度为 1cd。

照度是指不发光物体被光源照明的程度,单位为勒(勒克斯),单位符号为 lx。国际单位制规定,1lm 的光通量均匀分布在 $1m^2$ 的表面上,所产生的照度为 1lx。

发光强度与照度的关系为:在不计光源大小的条件下,物体离开光源越远,被照明的程度越差,即物体的照度与离开光源的距离的平方成反比。

$$E = \frac{I}{s^2}$$

式中:E——照度,lx;

I——发光强度,cd;

s——物体离开光源的距离,m。

公式表明,光源的发光强度为 2000cd,距离光源 1m 处的光强度为 2000lx。距离 10m 处的照度为 2000/100 = 20(lx)。前照灯检验仪就是运用这个原理,测量前照灯一定距离的照度,以间接检测它的发光强度。

(4)前照灯性能评价指标有配光性能、发光强度和光束照射位置。

配光性能是指接受光束照射的物体的各部位所得到的照度值。配光性能良好的前照灯,所形成的等照度曲线,在水平方向是左右对称,在垂直方向是上下扩展。

发光强度是指前照灯所能发出光的总量。国标 GB 7258—2012 规定，汽车电源系统处在充电状态下，每只前照灯远光光束发光强度应符合表 1-16 规定。

前照灯远光光束发光强度表　　表 1-16

车辆类型	单位	新注册车		在用车	
		两灯制	四灯制	两灯制	四灯制
汽车	cd（坎）	18000	15000	15000	12000

光束照射位置是指在规定的测量条件下，前照灯距离屏幕 10m 处，光束明暗截止线转角或中点的高度（0.6～0.8）H（H 为前照灯基准中心高度），在水平方向位置向左和向有偏均不得超过 100mm。四灯制前照灯远光单光束在屏幕上，光束中心离地高度（0.85～0.90）H，水平位置要求左灯向左偏不得大于 100mm，向右偏不得大于 170mm；右灯向左或向右偏均不得大于 170mm。

四、试验方法、步骤及工作内容

1. 用屏幕法检测前照灯光束照射位置和发光强度

（1）在平整的测量场地挂上白色屏幕且与地面垂直，测量前照灯几何中心高度 H。在屏幕上画出光束照射位置线，见图 1-73。三条垂直线：V—V 线与汽车纵向轴线对正，$V_左$—$V_左$ 线和 $V_左$—$V_右$ 线分别与汽车左右前照灯中心线对正。三条水平线：h—h 线与前照灯基准中心等高，距地面高度 H；h_1—h_1 线与前照灯远光光束中心等高，距地面高度 H_1 =（0.85～0.90）H；h_2—h_2 线与前照灯近光光束中心等高，距地面高度 H_2 =（0.60～0.80）H。

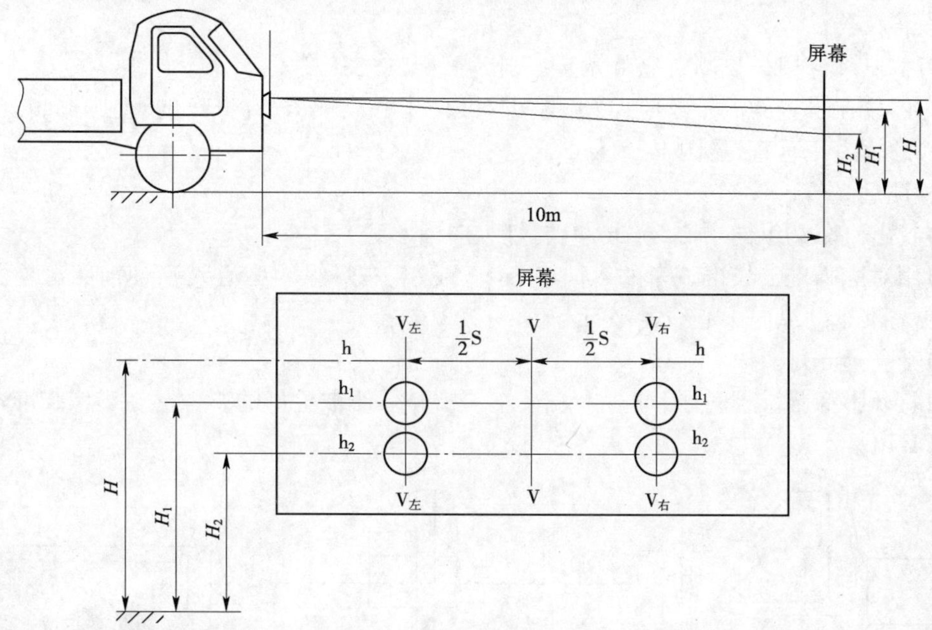

图 1-73　屏幕法检测

（2）被测汽车空载，乘坐一名驾驶员，轮胎气压正常。汽车停置于屏幕前方 10m 处且与屏幕垂直。

(3)先遮盖左侧前照灯，打开右侧前照灯近光，光束明暗截止线转角和光圈椭圆落于h_2—h_2线上，光圈椭圆中心位于h_2—h_2线与$V_{右}$—$V_{右}$线交点上。当交点与中心不重合时，可在屏幕上直接测量近光光束照射位置偏斜量和偏斜方向。用同样方法，可检测左侧前照灯偏斜量和偏斜方向。当偏斜量和偏斜方向不符合要求时，可调整前照灯的下左和下右螺丝的位置高度，可以改变光束高低和左右位置，见图1-74。

图1-74 前照灯调整螺丝

(4)先遮盖左侧前照灯，然后打开右侧前照灯远光开关，光圈椭圆中心位于h_1—h_1线与$V_{右}$—$V_{右}$线交点。当交点与中心不重合时，在屏幕上直接测量远光单光束灯光照射位置偏斜量和偏斜方向。

前照灯一般采用远、近光双丝组成灯泡，在制造时远近光丝保持着一定的夹角，但夹角受两灯丝相对位置误差、焦距、聚光镜和灯泡插座位移等因素影响，很难保证远近光束射距的协调，更难同时满足远近光束照射位置规定，为了保障夜间行车安全，防止会车时产生驾驶员眩目，国标规定，调整时以满足近光光束照射位置为准。

(5)用数字光度表检测发光强度。

在上一步骤的状态下(前照灯距屏幕10m处)，分别测量左、右远光的照度，按公式$E = I/S^2$求出发光强度。

(6)检测过程中，要对被检汽车保持充电状态。

(7)做实验时应注意安全，小心电击。爱护仪器设备。实验完毕，切断电源，拆出连线，整理好设备仪器。

2. 用前照灯检测仪检测前照灯光束照射位置和发光强度

将车停放在平整的测量场地，测量前照灯几何中心高度H，并汽车的行驶方向与前照灯检测仪检的轨道相垂直，见图1-75。

1)检测远光灯

(1)找出汽车的纵向中心线(或左、右灯纵向中心线)。

(2)用对准瞄准器校准汽车的纵向中心线(或左、右灯纵向中心线)，使前照灯检测仪检测中心线与汽车的纵向中心线相平行。

(3)开亮远光灯。

(4)打开影像瞄准器盖子，通过上、下、左、右调整，使被检灯的影像落在影像瞄准器的中央，见图1-76。

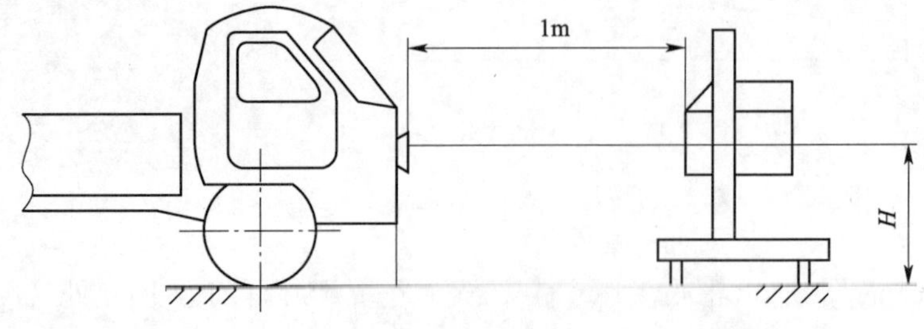

图1-75 仪检测法

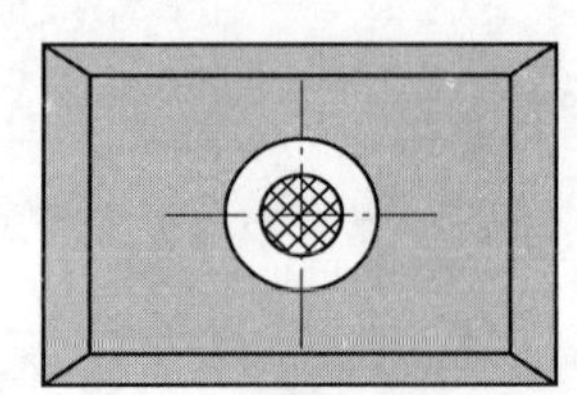
图1-76 影像瞄准器

(5)前照灯检测仪通电。

(6)反复旋转面板上的光轴刻度盘旋钮(左右及上下),使光轴平衡表(左右及上下)指示在中间位置。此时,左右及上下光轴刻度盘上所指示的读数就是光轴偏移量(相当10m距离的偏移量,数值为长度或角度)。同时发光指示表上指示出发光强度,见图1-77。

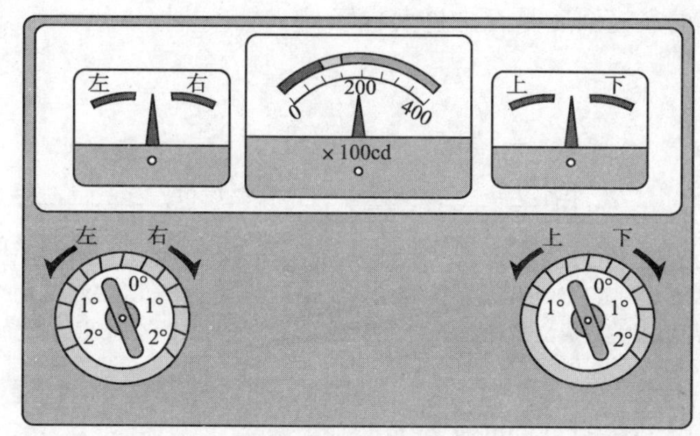

图1-77　测量面板

2)检测近光灯

(1)找出汽车的纵向中心线(或左、右灯纵向中心线)。

(2)用对准瞄准器校准汽车的纵向中心线(或左、右灯纵向中心线),使前照灯检测仪检测中心线与汽车的纵向中心线相平行。

(3)开亮近光灯。

(4)打开影像瞄准器盖子,通过上、下、左、右调整,使被检灯的影像落在影像瞄准器的中央。

(5)前照灯检测仪通电。

(6)把光轴刻度盘旋钮(左右及上下)均转到目前为0°位置,其发光分布特性即通过仪器屏幕呈现出来。

(7)分别旋转面板上的左右和上下光轴刻度盘旋钮,使明暗截止线的水平部分与屏幕上垂直方向的0°线重合,使明暗截止线的水平部分与斜线部分的拐点与屏幕上水平方向的0°线重合。此时,左右及上下光轴刻度盘上所指示的读数分别就是水平和垂直方向偏移量(相当10m距离的偏移量,数值为长度或角度)。近光配光见图1-78。

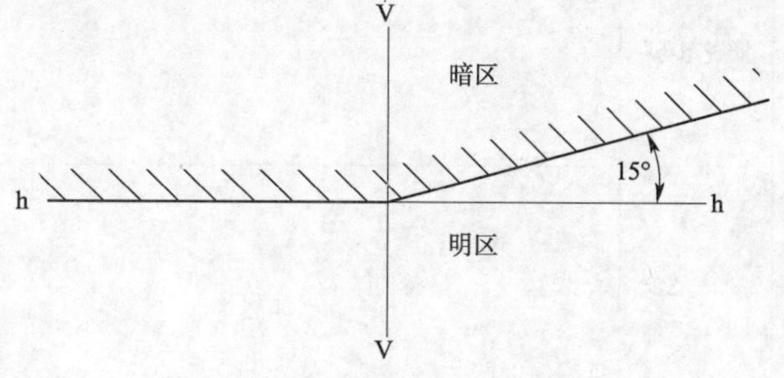

图1-78　近光配光示意图

3)调整前照灯

当偏斜量和偏斜方向不符合要求时,可调整前照灯的下左和下右螺丝的位置高度,可以改变光束高低和左右位置,见图1-74。

五、思考题

(1)为何有些车型的左、右前照灯发光强度不一样?

(2)近光灯为何有明区和暗区?

(3)汽车远光灯的发光强度是否是越大越好?

六、任务工单

任务十三 前照灯灯光的检测与调整工作页

专业______ 班级______ 姓名______ 学号______ 组成员______ 日期______

<table>
<tr><td>学习情景</td><td colspan="4">整车不解体检测</td><td>考核成绩</td><td></td></tr>
<tr><td>工作任务</td><td colspan="6">(1)知识目标:掌握汽车前照灯灯光性能的评价指标和技术要求;了解灯光强度的相关知识。
(2)技能目标:独立完成汽车前照灯灯光的检测方法;独立完成汽车前照灯灯光的调整作业</td></tr>
<tr><td>工具准备</td><td colspan="6">(1)五菱微型汽车。
(2)FD-2 前照灯检测仪、FX-101 数字光度表、屏幕、常用工具等</td></tr>
<tr><td>资料收集</td><td colspan="6"></td></tr>
<tr><td>技术方案</td><td colspan="6">(小组讨论检测流程,并简要说明)

(内容多可写背纸或附纸填写)</td></tr>
<tr><td rowspan="2">工作安排</td><td>工作项目</td><td>组织实施及安全负责人</td><td>资料收集与记录员</td><td>检测设备负责人</td><td>被测设备负责人</td><td>检测场地负责人</td></tr>
<tr><td>组员分工</td><td></td><td></td><td></td><td></td><td></td></tr>
<tr><td>实施步骤</td><td colspan="6">(内容多可写背纸或附纸填写)</td></tr>
<tr><td>资料记录</td><td colspan="6">(内容多可写背纸或附纸填写)</td></tr>
<tr><td>小组实训总结</td><td colspan="6">(内容多可写背纸或附纸填写)</td></tr>
</table>

实训指导教师______ 日期______

任务十四　汽油发动机排气污染物的测量

一、学习目标

知识目标	技能目标
1. 掌握汽油车尾气排放物的主要成分及减排途径； 2. 了解国家对汽车尾气排放标准及发展趋势	1. 正确使用汽油车尾气检测仪器； 2. 正确分析检测数据

二、主要仪器设备的型号和规格

(1)TH-500 汽车排放分析仪。

主要技术参数	测量范围	测量精度
CO	0～10%　by vol.	0.01%　by vol.
HC	0～20000 ppm vol.	1 ppm　vol.
NO_x	0～10000 ppm vol.	1 ppm　vol
CO_2	0～20%　by vol.	0.1%　by vol.
O_2	0～23%　by vol.	0.1%　by vol.

(2)五菱微型汽车(电喷发动机)。

(3)431ME 电眼睛故障诊断仪。

三、检测工作原理

TH-500 汽车排放分析仪将发动机排出的气体吸入到探测器分析室内进行分析,根据被测的各种气体浓度大小(按体积百分比)得出相对应的电压值,然后经仪器内的计算机处理换算得出对应的气体浓度,并由屏幕读出或打印输出试验数据。

排放测试的方法主要有两种,直采废气分析方法和定容废气取样分析方法,简称直采和定容。直采废气分析方法主要用于内燃机的研究和开发试验,定容废气取样分析方法主要用于法规方面的试验,本实验采用的是直采废气分析方法。

依据 GB 18285—2005《点燃式发动机汽车排气污染物排放限值及测量方法(双怠速法及简易工况法)》进行实验。GB 18285—2005 标准规定的测量方法有双怠速法、稳态工况法(ASM5025 或 ASM2540)、瞬态工况法三种,本实验采用双怠速法测量。

双怠速法的怠速工况是指发动机处于无负荷运转状态,即离合器处于接合位置、变速器处于空挡位置、加速踏板处于完全松开位置。高怠速工况指发动机处于无负荷运转状态,即离合器处于接合位置、变速器处于空挡位置、用加速踏板将发动机转速稳定控制在50%额定转速或制造厂技术文件规定的高转速时的工况。GB 18285—2005 标准中规定将轻型汽车的高怠速规定为(2500±100)r/min,重型汽车的高怠速规定为(1800±100)r/min。

四、试验方法、步骤及工作内容

(1)将汽车停放在安全地方,拉好驻车制动器并挂空挡。

(2)启动 TH-500 汽车排放分析仪,预热 15min。其操作流程图见图 1-79。

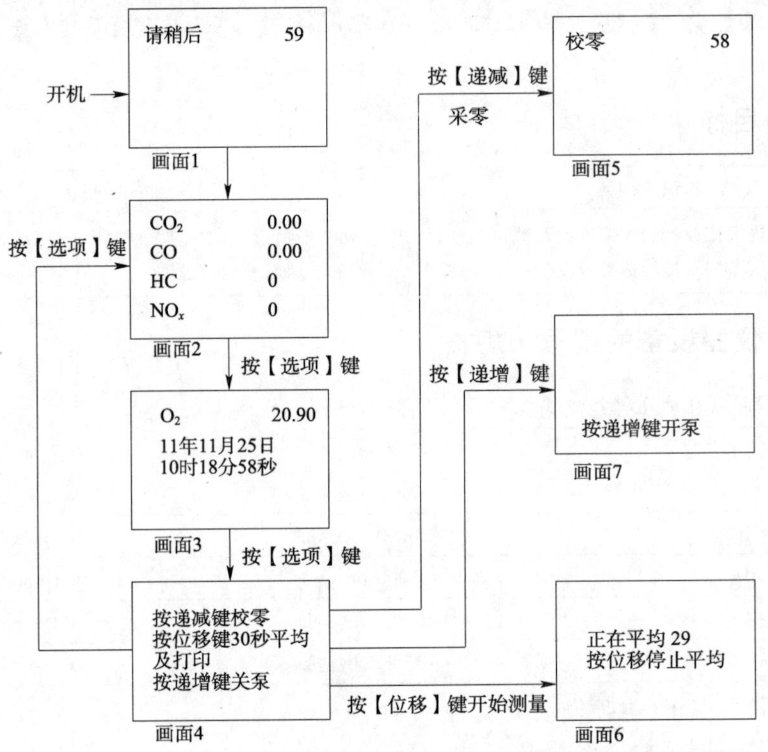

图 1-79 TH-500 汽车排放分析仪的采样操作流程图

(3)将 431ME 电眼睛故障诊断仪与五菱微型汽车的诊断接口连接好,使 431ME 进入“动态数据流”状态以便监测发动机的转速和冷却液温度。其操作流程图见图 1-80。

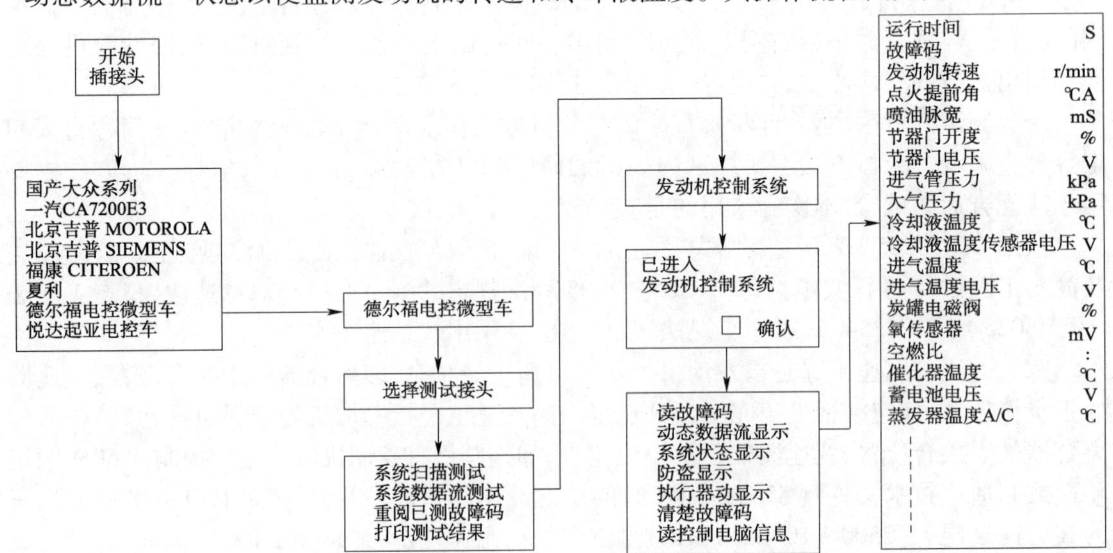

图 1-80 431ME 电眼睛进入“动态数据流”操作流程图

(4)在确认安全的情况下,起动发动机怠速运行,使发动机冷却液温度、机油温度上升到工作温度[冷却液温度为(80 ±5)℃、油温为(85 ±5)℃]。

（5）在发动机怠速工况[（900 ± 50）r/min]稳定状态下，将取样探头插入排气管中，深度等于400mm，并固定于排气管上。

（6）读取30s内的最高值和最低值，其平均值即为怠速工况测量结果。

（7）采样完毕应立刻将取样探头放置在空气清新的地方。

（8）调整加速踏板使发动机在高怠速工况[（2500 ± 100）r/nim]稳定状态下，将取样探头插入排气管中，深度等于400mm，并固定于排气管上。

（9）读取30s内的最高值和最低值，其平均值即为高怠速工况测量结果。

（10）测量结束后，停止发动机。

（11）将取样探头放置在空气清新的地方，对TH-500汽车排放分析仪进行15min的清洗，然后再关机。

（12）按发动机正常工作温度[冷却液温度为（80 ± 5）℃、油温为（85 ± 5）℃]下进行测量。

（13）记录检测结果。

在专用实验表格（表1-17）上记录日期、实验时间、地点、实验人、实验室气温、相对干湿度、大气压力、发动机型号、燃油牌号、发动机工况条件、相关实验数据（CO、HC、NO_x、CO_2、O_2）等。怠速工况和高怠速工况的排放测量值均应满足GB 18285—2005标准排放限值（表1-18）。

汽油机怠速污染物测量记录表　　表1-17

序号	转速（r/min）	冷却液温度（℃）	油温（℃）	CO（%）			HC（ppm）			NO_x（ppm）		
				最高值	最低值	平均值	最高值	最低值	平均值	最高值	最低值	平均值

汽车双怠速污染物排放限值（体积分数）　　表1-18

车　型	类　别			
	怠速		高怠速	
	CO（%）	HC（$\times10^{-6}$）	CO（%）	HC（$\times10^{-6}$）
1995年7月1日以前的轻型汽车	4.5	1200	3.0	900
1995年7月1日起的轻生产汽车	4.5	900	3.0	900
2000年7月1日起生产的第一类轻汽车	0.8	150	0.3	100
2001年7月1日起生产的第二类轻汽车	1.0	200	0.5	150
1995年7月1日前生产的重型汽车	5.0	2000	3.5	1200
1995年7月1日起生产的重型汽车	4.5	1200	3.0	900
2004年9月1日起生产的重型汽车	1.5	250	0.7	200
2005年7月1日起生产的第一类轻汽车	0.5	100	0.3	100
2005年7月1日起生产的第二类轻汽车	0.8	150	0.5	150
2005年7月1日前生产的重型汽车	1.0	200	0.7	200

注：对于2001年5月1日以后生产的5座以下（含5座）的微型面包车，执行此类在用车排放限值。

五、思考题

(1)为何电喷发动机低于正常工作温度(冷却液温度 <40℃、油温 <40℃)时,排放值会达不到排放标准?

(2)排放值 NO_x 值常常为何在高怠速工况比怠速工况的高?

六、任务工单

任务十四　汽油发动机排气污染物的测量工作页

专业______ 班级______ 姓名______ 学号______ 组成员______________ 日期______

<table>
<tr><td>学习情景</td><td colspan="5">整车不解体检测</td><td>考核成绩</td><td></td></tr>
<tr><td>工作任务</td><td colspan="7">(1)知识目标:掌握汽油车尾气排放物的主要成分及减排途径;了解汽车尾气排放标准及发展趋势。
(2)技能目标:正确使用汽油车尾气检测仪器;正确分析检测数据</td></tr>
<tr><td>工具准备</td><td colspan="7">(1)TH-500 汽车排放分析仪。
(2)五菱微型汽车(电喷发动机)。
(3)431ME 电眼睛故障诊断仪</td></tr>
<tr><td>资料收集</td><td colspan="7"></td></tr>
<tr><td>技术方案</td><td colspan="7">(小组讨论检测流程,并简要说明)

(内容多可写背纸或附纸填写)</td></tr>
<tr><td rowspan="2">工作安排</td><td>工作项目</td><td>组织实施及安全负责人</td><td>资料收集与记录员</td><td>检测设备负责人</td><td>被测设备负责人</td><td colspan="2">检测场地负责人</td></tr>
<tr><td>组员分工</td><td></td><td></td><td></td><td></td><td colspan="2"></td></tr>
<tr><td>实施步骤</td><td colspan="7">(内容多可写背纸或附纸填写)</td></tr>
<tr><td>资料记录</td><td colspan="7">(内容多可写背纸或附纸填写)</td></tr>
<tr><td>小组实训总结</td><td colspan="7">(内容多可写背纸或附纸填写)</td></tr>
</table>

实训指导教师__________ 日期__________

任务十五　柴油车自由加速烟度的检测

一、学习目标

知识目标	技能目标
1. 掌握柴油车尾气排放物的主要成分及减排途径； 2. 了解国家对汽车尾气排放标准及发展趋势	1. 正确使用柴油车尾气检测仪器； 2. 正确分析检测数据

二、主要仪器设备的型号和规格

(1)FTY-100 不透光烟度计。

(2)东风 6630 轻型客车车(柴油发动机)。

(3)计时器(时钟或秒表)。

三、检测工作原理

柴油车排出的烟色主要有黑烟、蓝烟和白烟三种。其中,在全负荷和加速工况时以排出黑烟最为常见。黑烟的发暗程度用排气烟度表示,排气烟度用烟度计检测。烟度计可分为滤纸式、透光式、重量式等多种形式。本实验采用透光式烟度计。

当将一束光穿过密度和温度一致的气体时,由于光被气体吸收和散射,使其强度衰减。其中,吸收就是光转换成另一种形式的能量,散射就是由于反射、折射、绕射而引起的光发散,吸收系数就是反映光吸收和散射的情况。

自由加速透光式烟度的定义是:在自由加速工况下,通过从发动机排气管抽取规定长度的排气柱所含的炭烟来确定管道长度不透光的程度,称为自由加速透光式烟度。该烟度以符号 Ns 表示,单位为% 。

自由加速工况是指柴油发动机于怠速工况(发动机运转、离合器处于接合位置、加速踏板处于松开位置、变速器处于空挡位置,具有排气制动装置的发动机,其蝶形阀处于全开位置),将加速踏板迅速踏到底,维持 4s 后松开。

四、试验方法、步骤及工作内容

(1)暖机至被测车辆发动机处于正常工作温度。

(2)测量规程。

按图 1-81 所示测量规程进行自由加速烟度的检测。先由怠速工况将加速踏板踩到底,维持 4s 迅即松开,如此重复三次,以熟悉加速方法并把排气管内的炭渣等积存物吹掉。每次加速后怠速运转 16s,在此时间内要用压缩空气清洗机构对取样软管和取样探头吹洗数秒钟;再把脚踏开关固定在加速踏板上,把滤纸与进给机构连接好,进行实测。实测时将加速踏板与脚踏开关一并迅速踩到底,然后立刻松开,维持怠速运转 16s。在 16s 内完成排气取样、滤纸染黑、抽气泵复位、走纸、检测并指示烟度和清洗等工作。从第 1 次开始加速至第 2 次开始加速为一个循环,每个循环共计 20s 时间。实测中需操作 4 个循环,取后 3 个循环烟度读数的算术平均值作为所测烟度值。

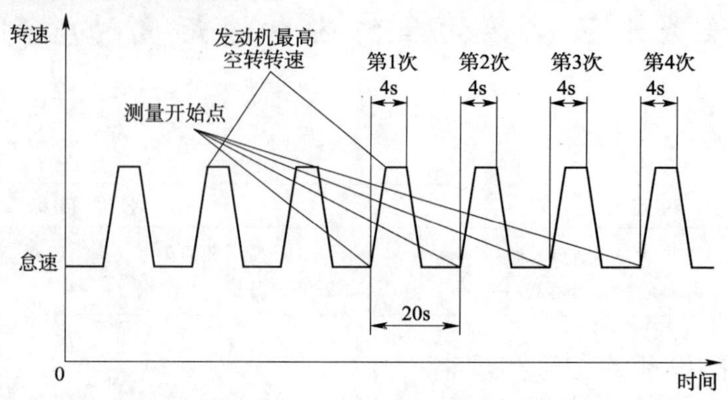

图 1-81　自由加速烟度测量规程

(3)FTY-100 不透光烟度计的操作。

①测试仪器系统的连接见图 1-82,连接电源线和通信线时应断开电源,以免损坏仪表。

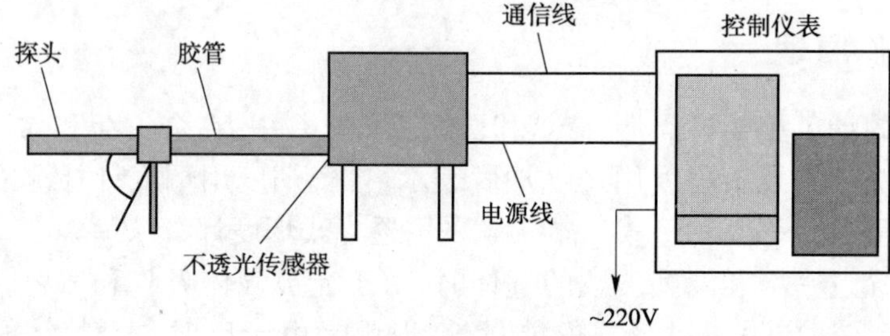

图 1-82　测试仪器系统的连接

②预热。

仪器接通电源后,先进行预热,预热屏见图 1-83。

```
*** 预热 ***

管温 80℃　　气温 48℃

正在预热, 请稍等……
预热时间: 01 分 23 秒
```

图 1-83　预热屏

当管温加热到 80℃时,说明仪器已经预热完成,可以进入测量,若要求测量数据的稳定性更好,可以继续预热 30min。

按"F"键进入下一菜单屏。

③线性校正。

预热完成后,仪器将提问是否进行线性校正,若要求进行线性校正,请选择"是"(M 键),否则选择"否"(F 键)。如果在此次开机操作过程中,光学平台也是重新接通电源,则一定要进行线性校正(光学平台每次接通电源,都要求重新进行线性校正,才能保证测量结果准确)。

仪器预热校正完成后,将直接进入测量屏,此时可在测量屏、稳态屏、加速屏和菜单屏之间转换,进而选择不同的测量功能或菜单项设置。

菜单屏(图 1-84)按键功能如下:

M:执行当前菜单项;F:退出菜单屏,返回前一屏;↑→:"↑"键表示按向上方向移动选择菜单项,“→”键表示按向下方向移动选择菜单项;可按仪表面板的“△ ▽”键调整显示屏亮度。

进入测量屏有以下方法:开机预热完成后自动进入;由稳态屏按↑键进入;由菜单屏选择“测量”进入。

测量屏(图1-85)可对排气进行连续测量,直接显示排气的 N 值、k 值、排气温度以及光学平台检测管道的温度(屏幕上的“管温”表示当前光学平台检测管道温度,“气温”当前排气温度)。

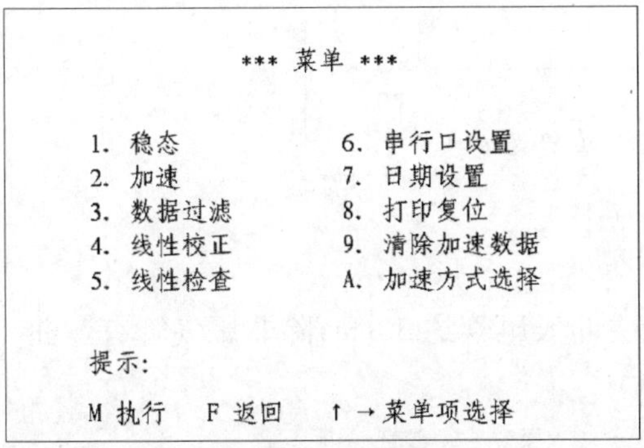

*** 菜单 ***

1. 稳态　　6. 串行口设置
2. 加速　　7. 日期设置
3. 数据过滤　　8. 打印复位
4. 线性校正　　9. 清除加速数据
5. 线性检查　　A. 加速方式选择

提示:

M 执行　F 返回　↑→菜单项选择

图1-84　菜单屏

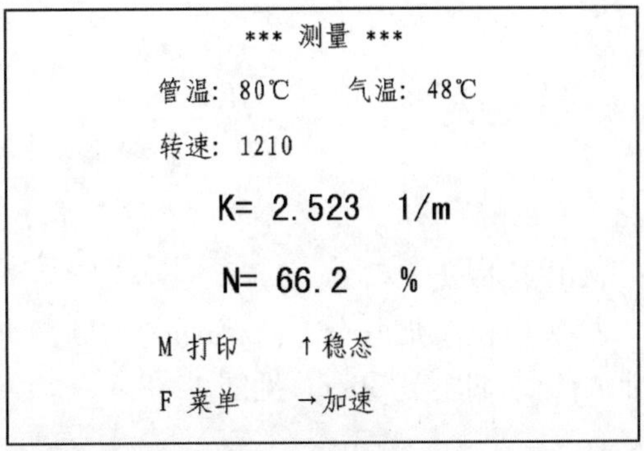

*** 测量 ***

管温: 80℃　　气温: 48℃

转速: 1210

K= 2.523　1/m

N= 66.2　%

M 打印　↑稳态

F 菜单　→加速

图1-85　测量屏

进入稳态屏有以下方法:由测量屏按“↑”键进入;由菜单屏选择“稳态”进入。

稳态屏(图1-86)用来测量发动机在稳态工况下发动机的排气可见污染物,屏幕显示排气的 N 值、k 值、稳态工况下最大 N_m 值、k_m 值、T_m 值(发动机转速)、排气温度以及光学平台检测管道的温度(屏幕上的“管温”表示当前光学平台检测管道温度,“气温”当前排气温度)。

*** 稳态 ***

管温: 80℃　　气温: 48℃

转速: 1210　　Tm= 1530

K= 0.002 1/m　　Km= 0.009 1/m

N= 0.1 %　　Nm= 0.4 %

M 打印　F 菜单　↑测量　→开始

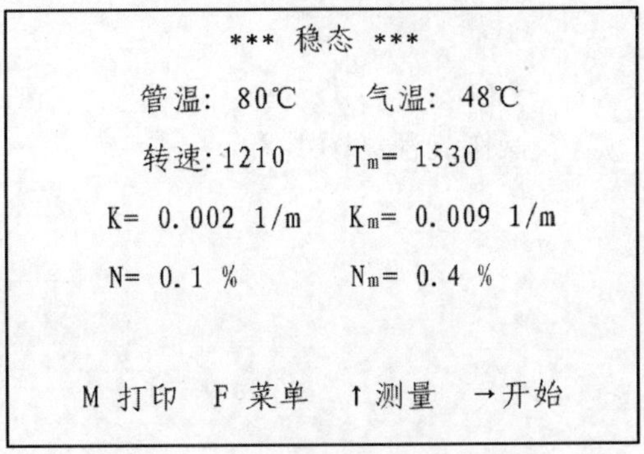

图1-86　稳态屏

进入加速屏有以下方法:由测量屏按“→”键进入;由菜单屏选择“加速”进入。

加速屏(图1-87)用来测量发动机加速过程中的排气可见污染物。一旦触发,仪器自动采集排气并计算加速过程的最大 N 值、k 值,并显示加速过程中排气可见污染物(k 值)随时间变化的曲线(加速采样时间为10s)。FTY-100 可存储16组加速数据(若加速超过16次,仪器将自动冲掉最早的加速数据),可以在进行一系列加速测量后再回头选择显示打印先前的测量结果。6次以上(含6次)加速,屏幕显示最后4次加速 k 值的偏差值和平均值,若偏差值有效($k<0.25$),则用“*”和“.”符号来表示测试系列值的起点和终点(“.”符号表示:如果连续的最后4次偏差值均在 $0.25m^{-1}$ 带宽内,并且没有连续下降趋势,测试结果是有效的,即“.”符号标示测量有效值)。全部加速的 k 值显示在“k1 ~ k16”区域,“N =”和“k =”显示的是“k1 ~ k16”区域反显数据(当前选择)的 N 值、k 值,屏幕左上角指示它是第几次加速的测试数据。屏幕上的“管温”表示当前光学平台检测管道温度,“气温”表示当前排气温度。

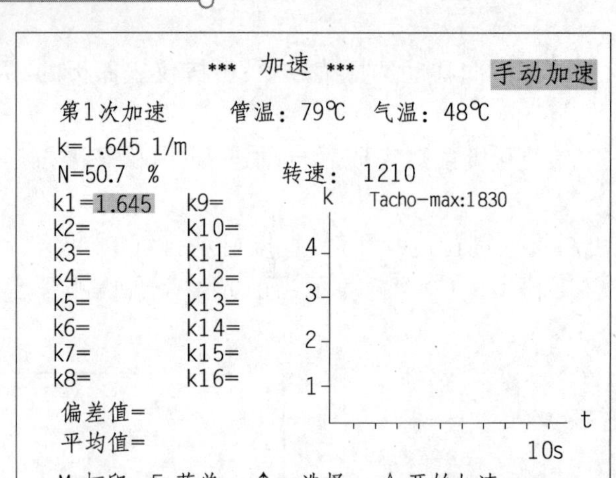

图 1-87 加速屏

④连接探头。

探头应位于烟气分布大致均匀的断面上，探头伸入尾管约 30cm，除非尾气管有弯曲，且弯曲端到末端不到 30cm，见图 1-88。

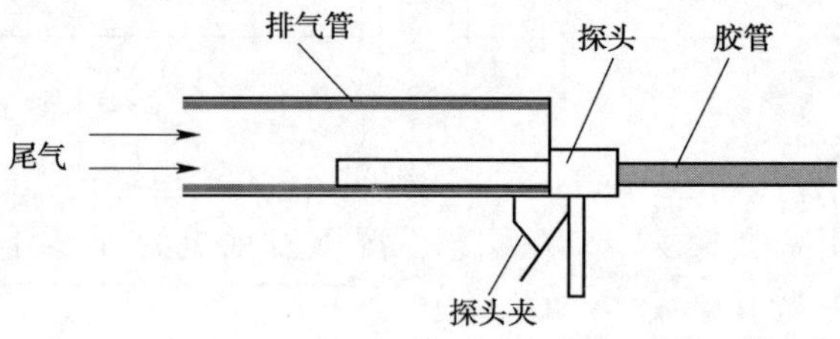

图 1-88 探头连接

⑤操作流程见图 1-89。

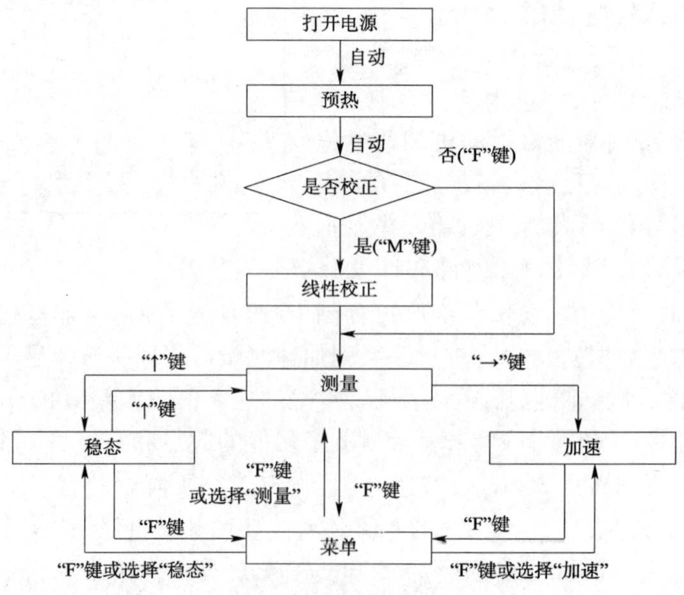

图 1-89 操作流程图

(4)测量结束后,停止发动机。

(5)将取样探头放置在空气清新的地方,对 FTY-100 不透光烟度计进行 15min 的清洗,然后再关机。

(6)记录检测结果。

在专用实验表格(表 1-19)上记录日期、实验时间、地点、实验人、实验室气温、相对干湿度、大气压力、发动机型号、燃油牌号、发动机工况条件、相关实验数据等。柴油车自由加速烟度排放标准值见表 1-20。

柴油车自由加速烟度排放测量记录表　表 1-19

序号	转速 (r/min)	冷却液温度 (℃)	油温 (℃)	管温 (℃)	气温 (℃)	不透光度 N 值 (%)	光吸收系数 k 值 (m^{-1})

柴油车自由加速烟度排放标准值　表 1-20

车　别	烟度值(FSN)	不透光度(%)
1995 年 7 月 1 日以前的定型汽车	4.0	33.1
1995 年 7 月 1 日以前新生产的汽车	4.5	37.3
1995 年 7 月 1 日以前生产的在用汽车	5.0	41.2
1995 年 7 月 1 日起的定型汽车	3.5	29.0
1995 年 7 月 1 日起新生产的汽车	4.0	33.1
1995 年 7 月 1 日起生产的在用汽车	4.5	37.3

五、思考题

(1)简述柴油车排气污染物的检测设备结构原理,如何检测柴油车排气污染物?

(2)柴油车排气污染物的主要排出的有害物成分与汽油车一样吗?

六、任务工单

任务十五　柴油车自由加速烟度的检测工作页

专业______ 班级______ 姓名______ 学号______ 组成员______________ 日期______

<table>
<tr><td>学习情景</td><td colspan="4">整车不解体检测</td><td>考核成绩</td><td></td></tr>
<tr><td>工作任务</td><td colspan="6">(1)知识目标:掌握柴油车尾气排放物的主要成分及减排途径;了解汽车尾气排放标准及发展趋势。
(2)技能目标:正确使用柴油车尾气检测仪器;正确分析检测数据</td></tr>
<tr><td>工具准备</td><td colspan="6">(1)FTY-100 不透光烟度计。
(2)东风 6630 轻型客车(柴油发动机)。
(3)计时器(时钟或秒表)</td></tr>
<tr><td>资料收集</td><td colspan="6"></td></tr>
<tr><td>技术方案</td><td colspan="6">(小组讨论检测流程,并简要说明)

(内容多可写背纸或附纸填写)</td></tr>
<tr><td rowspan="2">工作安排</td><td>工作项目</td><td>组织实施及安全负责人</td><td>资料收集与记录员</td><td>检测设备负责人</td><td>被测设备负责人</td><td>检测场地负责人</td></tr>
<tr><td>组员分工</td><td></td><td></td><td></td><td></td><td></td></tr>
<tr><td>实施步骤</td><td colspan="6">(内容多可写背纸或附纸填写)</td></tr>
<tr><td>资料记录</td><td colspan="6">(内容多可写背纸或附纸填写)</td></tr>
<tr><td>小组实训总结</td><td colspan="6">(内容多可写背纸或附纸填写)</td></tr>
</table>

实训指导教师__________ 日期__________

任务十六　电控发动机怠速控制

一、学习目标

知识目标	技能目标
1. 掌握电控发动机怠速调节的作用； 2. 了解电控发动机怠速调节的故障原理	1. 能正确使用发动机故障诊断仪； 2. 能根据诊断仪数据分析发动机运行状况

二、主要仪器设备的型号和规格

(1)LZW1010PLNBi1 五菱微型货车(德尔福电控系统)。

(2)431 ME 电眼睛故障诊断仪。

三、检测工作原理

怠速通常是指节气门关闭,加速踏板完全松开,且发动机对外无功率输出并能保持最低转速的稳定运转工况。怠速控制目的是在保证发动机排放要求且运转稳定的前提下,尽量使发动机保持最低稳定转速,以此降低怠速时的燃油消耗量。

电控发动机的怠速控制是根据有关传感器信号(起动信号、冷却液温度信号、空调开关信号、发电机负荷信号等),由 ECU 通过控制怠速控制阀(ISCV),改变由怠速控制阀进入进气歧管的空气量,使发动机在不同怠速工况时,能处于稳定的最佳怠速转速下运转。怠速控制主要包括如下方面。

(1)起动控制。在发动机起动时,ECU 根据发动机运行条件,在存储器中取出预存的数据,控制怠速控制阀的开度。

(2)暖机控制。在发动机起动后,ECU 根据冷却液的温度,控制发动机在暖机过程中怠速转速的变化。

(3)空调控制。在发动机暖机后,ECU 根据空调开关信号增大怠速控制阀的开度,来维持较高的怠速。

(4)负荷控制。在发动机暖机后,ECU 根据负荷增大怠速控制阀的开度,来维持较高的怠速。

四、试验方法、步骤及工作内容

1. 检测系统的准备

(1)将实验汽车的驱动轮(前轮)用千斤顶悬空起来,并检查各部位是否符合安全要求。

(2)点火开关在“OFF”位置,将 431ME 电眼睛故障诊断仪与汽车诊断座相连。

(3)挂空挡、拉起驻车制动器。

2. 431ME 电眼睛故障诊断仪的操作

(1)开机 :仪器通电后将进行自检,如屏幕显示系统正常,故障诊断仪就可以开始进行测试。用“↑”或“↓”键移动光标选择所期望的车系,按“确认”键就可进入“一级功能菜单”。“一级功能菜单”的主要功能有：系统扫描测试；系统数据流测试；重阅已测故障码；查阅故障代码；打印测试结果。

(2)仪器操作程序结构框图，见图1-90。

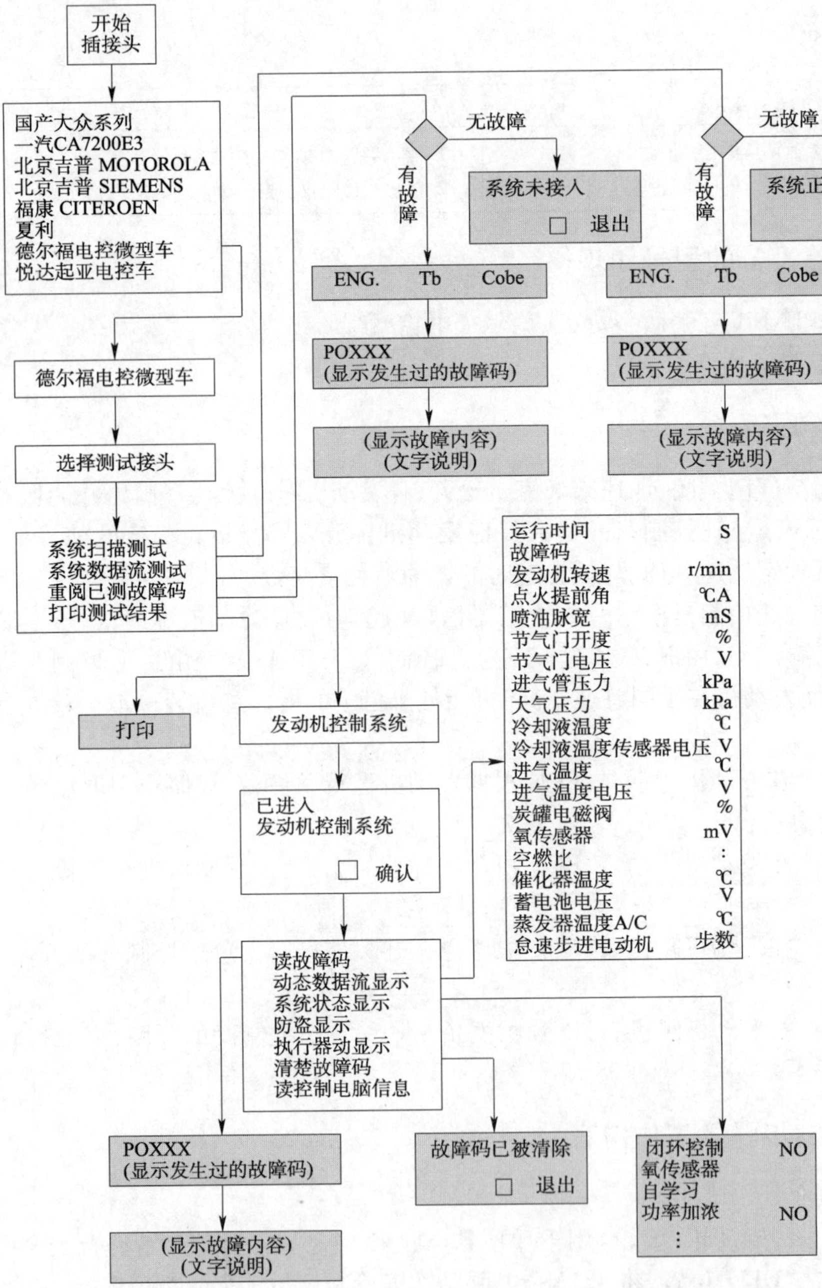

开始
插接头

国产大众系列
一汽CA7200E3
北京吉普 MOTOROLA
北京吉普 SIEMENS
福康 CITEROEN
夏利
德尔福电控微型车
悦达起亚电控车

德尔福电控微型车

选择测试接头

系统扫描测试
系统数据流测试
重阅已测故障码
打印测试结果

打印

无故障
系统未接入
□ 退出

有故障
ENG. Tb Cobe
POXXX
(显示发生过的故障码)
(显示故障内容)
(文字说明)

无故障
系统正常 无故障码
□ 退出

有故障
ENG. Tb Cobe
POXXX
(显示发生过的故障码)
(显示故障内容)
(文字说明)

发动机控制系统

已进入
发动机控制系统
□ 确认

读故障码
动态数据流显示
系统状态显示
防盗显示
执行器动显示
清楚故障码
读控制电脑信息

运行时间	S
故障码	
发动机转速	r/min
点火提前角	℃A
喷油脉宽	mS
节气门开度	%
节气门电压	V
进气管压力	kPa
大气压力	kPa
冷却液温度	℃
冷却液温度传感器电压	V
进气温度	℃
进气温度电压	V
炭罐电磁阀	%
氧传感器	mV
空燃比	:
催化器温度	℃
蓄电池电压	V
蒸发器温度A/C	℃
怠速步进电动机	步数

POXXX
(显示发生过的故障码)
(显示故障内容)
(文字说明)

故障码已被清除
□ 退出

闭环控制 NO
氧传感器
自学习
功率加浓 NO
⋮

图1-90 431ME 电眼睛故障诊断仪诊断程序

(3)进入系统数据流测试。

在“一级功能菜单”下，用“↑”或“↓”键移动光标选择所期望的“系统数据流测试”功能，按“确认”键，故障诊断仪将进入“系统选择菜单”。在“系统选择菜单”下，用“↑”或

"↓"键移动光标选择所期望的"发动机系统",按"确认"键,故障诊断仪将进入"二级功能菜单"。"二级功能菜单"的主要功能有:测试故障码;重阅已测故障码;清除故障记忆;读动态数据流;打印测试结果。在"二级功能菜单"下,用"↑"或"↓"键移动光标选择所期望的"读动态数据流"功能,按"确认"键,便在屏幕上显示转速、点火角度、空燃比、冷却液温度等被测数据,此时能对发动机进行动态测试。按"退出"键返回"二级功能菜单"。

3. 怠速控制实验

(1)发动机停机2h以上,使冷却液温度不大于20℃(环境温度)。

(2)点火开关在"ON"位置,将431ME电眼睛故障诊断仪进入到"系统数据流测试"状态,记录进气温度、冷却液温度。

(3)起动发动机,立刻在表1-21中记录起动时的时刻、进气温度、冷却液温度、发动机转速、喷油脉宽、点火提前角、怠速步进电动机数据。

(4)认真观察发动机的转速变化情况,直到转速稳定(目标怠速转速:900r/min)为止,并在表1-21中记录此稳定时的时刻、进气温度、冷却液温度、发动机转速、喷油脉宽、点火提前角、节气门开度的数据。

怠速控制实验数据记录表　　表1-21

冷却液温度(℃)	进气温度(℃)	发动机转速(r/min)	喷油脉宽(ms)	点火提前角(°)	怠速步进电动机(步数)
起动时的冷却液温度					
40					
50					
60					
70					
80					
空调控制(80℃)					

4. 操作要求

(1)熟悉系统的连接与仪器的正确操作方法。做好现场记录,将实验数据填入表1-21中。

(2)应注意安全,爱护仪器设备。

(3)操作完毕,切断电源,拆出连线,整理好设备仪器。

五、思考题

(1)发动机刚起动时,转速为何比目标怠速转速要高?在天气冷或热下的情况下又如何?

(2)喷油脉宽和点火提前角的变化规律是什么?为什么?

(3)电控发动机和化油器发动机在起动暖机时,在操作方面有何区别?

(4)发动机的目标怠速转速是否一样?一般排量大的发动机比排量小的发动机目标怠速转速高还是低?

六、任务工单

任务十六　电控发动机怠速控制工作页

专业______ 班级______ 姓名______ 学号______ 组成员______________ 日期______

学习情景	整车不解体检测				考核成绩	
工作任务	(1)知识目标:掌握电控发动机怠速调节的作用;了解电控发动机怠速调节的故障原理。 (2)技能目标:能正确使用发动机故障诊断仪;能根据诊断仪数据分析发动机运行状况					
工具准备	(1)LZW1010PLNBil 五菱微型货车(德尔福电控系统)。 (2)431ME 电眼睛故障诊断仪					
资料收集						
技术方案	(小组讨论检测流程,并简要说明) (内容多可写背纸或附纸填写)					
工作安排	工作项目	组织实施及安全负责人	资料收集与记录员	检测设备负责人	被测设备负责人	检测场地负责人
	组员分工					
实施步骤	(内容多可写背纸或附纸填写)					
资料记录	(内容多可写背纸或附纸填写)					
小组实训总结	(内容多可写背纸或附纸填写)					

实训指导教师__________ 日期__________

任务十七　电控燃油供给系统检测

一、学习目标

知识目标	技能目标
1. 掌握汽车电控燃油供给系统的组成和工作原理； 2. 燃油压力的变化对发动机运行的影响	1. 独立完成汽车电控燃油供给系统的检测； 2. 根据燃油压力分析发动机运行状况

二、主要仪器设备的型号和规格

(1)LZW1010PLNBi1 五菱微型货车。

(2)燃油压力表。

(3)真空压力表。

(4)三通管接头。

三、检测工作原理

燃油喷射控制方式有恒压变时喷射和定时变压两种基本方式。恒压变时喷射控制方式较为容易实现,目前被广泛地运用在电控汽车上;定时变压喷射控制方式较难实现,目前较少采用。

本实验系统属恒压控制方式,其主要通过控制喷油器的喷油时间来控制其在各种“工况”的喷油量,通过控制喷油器的工作频率来控制喷油频率。

油路工作原理是保证一定压力的油液传到喷油器,多余的油液流回油箱。压力调节器位于喷油器输油管的前端,由于燃油是向进气歧管喷射的,故保证了燃油压力与进气真空度之间的压力差恒定,从而也保证了燃油的喷射量与喷射时间的线性关系,这对于以通电脉宽确定喷射量的喷油器来说是非常重要的。

压力调节器的结构和压力波形见图 1-91,其主要由弹簧、膜片、止回阀组成。当燃油压力与进气歧管压力差超过 300kPa 时,膜片向上移动,止回阀打开,多余的燃油经过回油管流回油箱[图 1-91b)];当燃油压力与进气歧管压力差低于 300kPa 时,弹簧将膜片向下推使止回阀关闭回油通路,以维持其压力差[图 1-91a)]。控制压力差的压力波形如图 1-91c)所示。

四、试验方法、步骤及工作内容

1. 检测系统的连接

用三通管接头将燃油压力表连接在燃油压力调节器与喷油器输油管之间,用三通管接头将真空压力表连接在压力调节器与进气总管真空管之间。检测系统的连接见图 1-92。

2. 检测燃油压力和进气真空度之间的压力差

(1)发动机不运转,只给电动油泵接通电源时,检测输油管的压力(300kPa)和进气总管的压力(0kPa)。

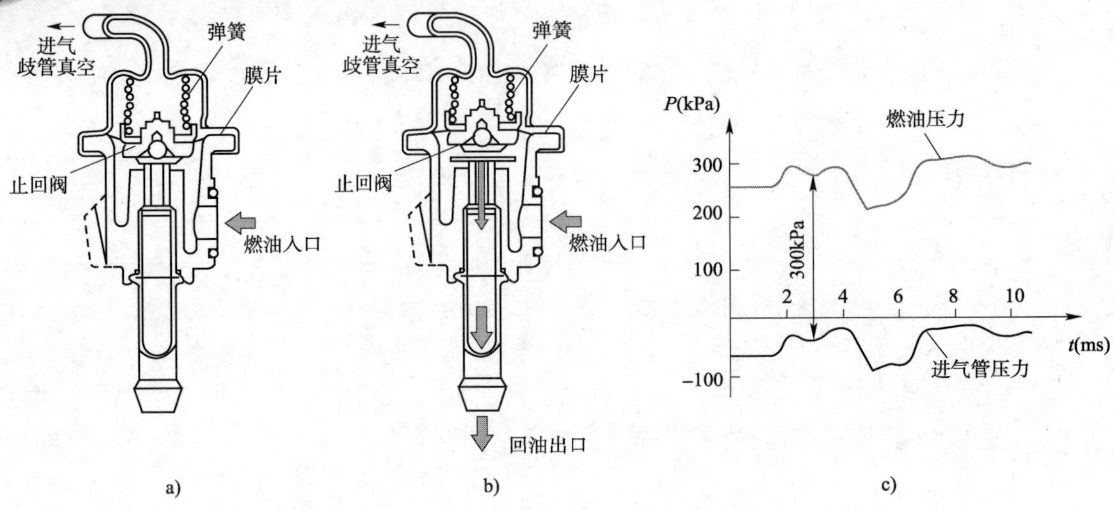

图 1-91　压力调节器的结构和压力波形

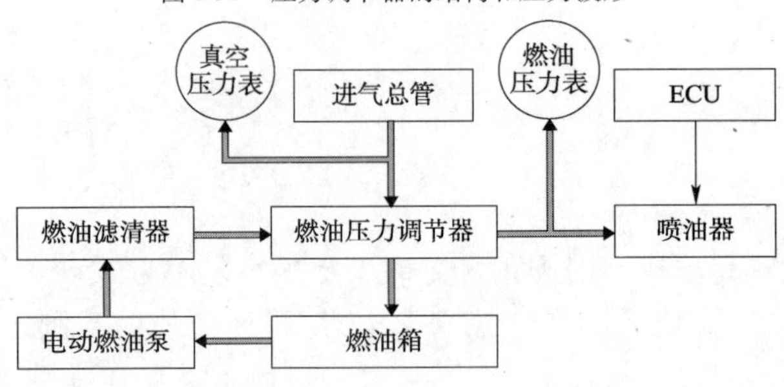

图 1-92　实验系统的连接图

(2)起动发动机,发动机怠速运转时,检测输油管的压力(250kPa)和进气总管的压力(-0.05kPa)。

(3)改变发动机运转速度时,注意观察输油管的压力和进气总管的压力的变化,燃油压力和进气真空度之间的压力差是否为一个恒定值。

(4)当发动机怠速运转时,拔掉燃油压力调节器上的真空补偿胶管,检测输油管的压力(300kPa)和进气总管的压力(-0.05kPa),并注意观察发动机转速是否有变化。

(5)计算喷油器的喷油压力差(燃油压力和进气真空度之间的压力差)。

喷油压力差 = 燃油压力 - 进气真空度

(6)将检测数据填入表 1-22 中。

检测压力差数据记录表　　表 1-22

工　况	输油管压力(kPa)	进气总管(kPa)	喷油压力差(kPa)
发动机不运转,电动油泵工作			
发动机怠速运转			
发动机中速运转			
发动机高速运转			
发动机怠速运转并拔掉真空补偿管			

3. 检测输油管道的密封性

当发动机运转后停机，注意观察此时输油管道的压力应为300kPa，并在15min内压力下降至小于100kPa，此种情况则可表明输油管道的各个接头、喷油器、油泵等密封性良好。将检测数据填入表1-23中。

检测密封性数据记录表　　表1-23

工　况	刚停机时输油管压力(kPa)	停机15min后输油管压力(kPa)
电动油泵不工作		

4. 检测电动燃油泵最大供油压力

发动机不运转，只给电动油泵接通电源时，堵住燃油压力调节器的回油管，检测输油管的压力应大于500kPa，此时即为电动燃油泵最大供油压力。将检测数据填入表1-24中。

检测油泵最大供油压力数据记录表　　表1-24

工　况	未堵回油管时压力(kPa)	堵回油管时压力(kPa)
发动机不运转，电动油泵工作		

五、思考题

(1)燃油喷射量的控制是如何实现的？有多少种基本控制方式？

(2)电控燃油供给系统是如何保证燃油压力和进气真空度之间的压力差为一个恒定值？

(3)当发动机突然改变转速时，真空表压力有变化，燃油表压力无变化(或很小)，出现该情况的主要原因是什么？

(4)停机后，若油压仍过低或下降很快，出现该情况的主要原因是什么？

(5)停机后，若油压仍过低或下降很快，之后再起动变得困难，出现该情况的主要原因是什么？

六、任务工单

任务十七　电控燃油供给系统检测工作页

专业______　班级______　姓名______　学号________　组成员________________　日期______

学习情景	整车不解体检测	考核成绩	
工作任务	(1)知识目标：掌握汽车电控燃油供给系统的组成和工作原理；燃油压力的变化对发动机运行的影响。 (2)技能目标：独立完成汽车电控燃油供给系统的检测；根据燃油压力分析发动机运行状况		
工具准备	(1)LZW1010PLNBil五菱微型货车。 (2)燃油压力表。 (3)真空压力表。 (4)三通管接头		
资料收集			

续上表

<table>
<tr><td>技术方案</td><td colspan="6">（小组讨论检测流程，并简要说明）

（内容多可写背纸或附纸填写）</td></tr>
<tr><td rowspan="2">工作安排</td><td>工作项目</td><td>组织实施及安全负责人</td><td>资料收集与记录员</td><td>检测设备负责人</td><td>被测设备负责人</td><td>检测场地负责人</td></tr>
<tr><td>组员分工</td><td></td><td></td><td></td><td></td><td></td></tr>
<tr><td>实施步骤</td><td colspan="6">

（内容多可写背纸或附纸填写）</td></tr>
<tr><td>资料记录</td><td colspan="6">

（内容多可写背纸或附纸填写）</td></tr>
<tr><td>小组实训总结</td><td colspan="6">

（内容多可写背纸或附纸填写）</td></tr>
</table>

实训指导教师____________ 日期____________

项目二　总成部件检测

任务十八　发动机性能测试

一、学习目标

知识目标	技能目标
1. 了解发动机技术性能参数的要求； 2. 掌握发动机技术性能主要参数的计算	1. 独立完成发动机技术性能参数的测试； 2. 根据发动机技术性能主要参数分析发动机性能状况

二、主要仪器设备的型号和规格

(1)发动机技术参数测量系统。

(2)柴油发动机。

三、检测工作原理

内燃机的有效性能参数包括发动机转速 n、发动机功率 P_e、发动机转矩 N_e、燃油消耗率 g_e。这些参数可在试验台架上，通过实测内燃机曲轴输出的转速、转矩及燃油消耗量而得出。

其检测原理图见图 2-1。

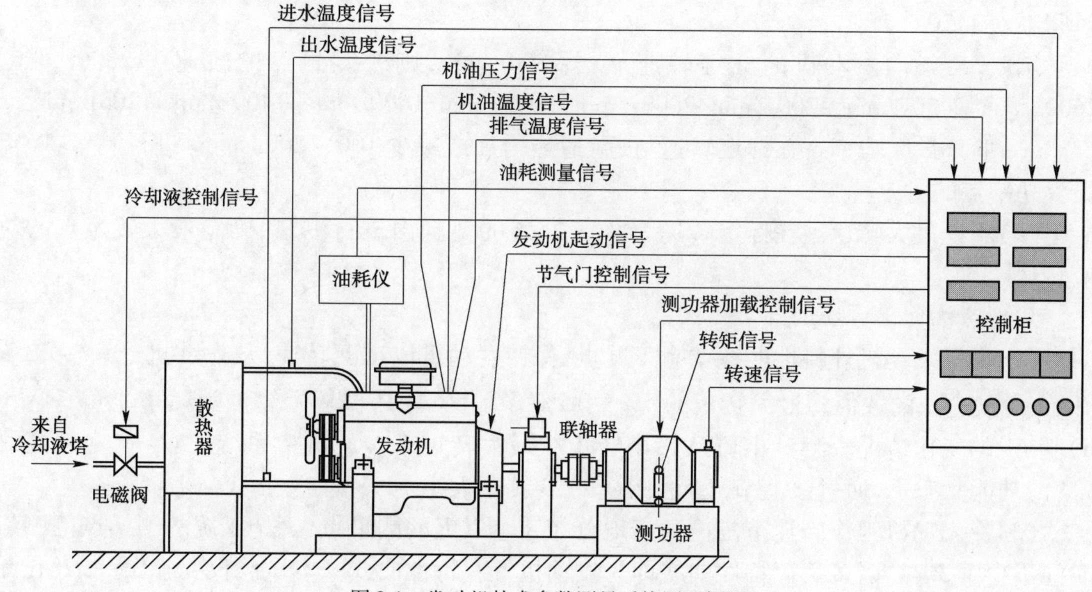

图 2-1　发动机技术参数测量系统原理框图

四、试验方法、步骤及工作内容

1. 试验系统的安装及校准

将发动机安装上试验台架，并保证发动机曲轴轴线与测功器轴线的同轴度小于0.25mm，连接好各油路、液路、电路、测量装置、仪表装置并进行检查和校准。

2. 试验条件

(1)试验前，发动机需经20h热磨合(新发动机)，磨合规范按该发动机的出厂规范进行。

(2)发动机附件齐全(风扇、充电发电机、散热器、空气滤清器、消声器等)。

(3)发动机的出水温度控制为(80±5)℃，油底壳机油温度控制为(85±5)℃。

(4)可用试验室排气系统代替消声器。

(5)仪表精度及测量部位的要求为：转矩误差不大于所测发动机最大转矩的±1%；转速误差不大于所测值的±0.5%；燃油消耗量误差不大于所测值的±0.1%；排气温度应在距离发动机排气管出口50mm处进行测量，误差不大于±15℃；冷却液温度应在靠近发动机冷却液入口、出口处进行测量，误差不大于±2℃；机油压力应在发动机主油道处进行测量，压力表精度为1.5级；大气压力误差不大于±0.1kPa。

3. 发动机外特性试验

(1)测控系统设置在“定转速测量”的功能状态下，保持节气门全开。测量发动机从标定转速开始，每次递减500或200r/min，直至达到最低稳定工作转速，测量各工况下发动机的功率P_e(kW)、转矩N_e(N·m)、燃油消耗率g_e(g/kW·h)、排气温度(℃)、冷却液温度(℃)、油温(℃)、机油压力(MPa)等。测量也可从最低稳定工作转速开始，逐步提高转速至标定转速来进行实验。一般来讲由高转速往低转速进行试验对试验较为有利。

(2)在发动机工作转速范围内适当地分布8个以上的测量点，每个工况的测量点的测量时间不少于30s。

例如，某柴油发动机的标定转速n_0 = 2800r/min，则各测量点的转速为2800r/min、2600r/min、2450r/min、2200r/min、2000r/min、1800r/min、1600r/min、1400r/min、1200r/min。

(3)验证最大功率。在标定转速附近(适当增加或减少100~200r/min)进行测量，确定最大功率点的对应转速。

(4)验证最大转矩。在标定转速50%~75%的范围内进行测量，确定最大转矩点的对应转速。

4. 发动机负荷特性试验

(1)根据发动机外特性曲线选择工况点，保持发动机该工况转速，从发动机最大转矩N_e开始，每次递减的数值为最大转矩的5%~15%，测量功率P_e(kW)、燃油消耗率g_e(g/kW·h)随N_e的变化情况。测量也可从最小转矩往最大转矩来做。测控系统设置在“定转速测量”的功能状态下，通过改变节气门大小来改变转矩大小。

(2)在发动机工作转速范围内适当地分布8个以上的测量点，每个工况的测量点的测量时间不少于30s。诸多负荷特性曲线即为发动机万有特性曲线。本试验仅要求做一条(在此选最大转矩点)发动机负荷特性。

例如，某柴油发动机的最大转矩点转速 $n_0 = 1800$r/min，该点最大转矩 $N_e = 400$N·m，则各测量点的转矩为：400N·m、350N·m、300N·m、250N·m、200N·m、150N·m、100N·m、50N·m。

5. 柴油机调速特性试验

(1)稳定调速率 δ_2 的测定。

保持负荷(节气门)不变情况下，使转速稳定在 n_1，然后突然卸载，测出卸载后最高空车转速 n_3。通常稳定调速率 δ_2 的最大值是在标定功率点(节气门全开)测定。汽车、拖拉机发动机的 $\delta_2 \leqslant 10\%$。

$$\delta_2 = \frac{n_3 - n_1}{n_{标定}} \times 100\%$$

式中：n_1——突变负荷前柴油机的转速，r/min；

n_3——突变负荷后柴油机的稳定转速，r/min；

n——标定柴油机的标定转速，r/min。

(2)调速特性测定。

使节气门置于某一位置，卸掉全部负荷(发动机空转)，使发动机达到最高稳定空车转速，然后逐步增加负荷，使转速逐渐下降，直至最大功率的附近，取10个以上的测量点，包括标定转速，注意转折处应有较多的点。测控系统设置在"位置测量"的功能状态下，测量功率 P_e(kW)、转矩 N_e(N·m)、燃油消耗率 g_e(g/kW·h)、排气温度(℃)、冷却液温度(℃)、油温(℃)、机油压力(MPa)等。

例如，某柴油发动机的标定转速 $n_0 = 2800$r/min，节气门置于全开位置，最高稳定空车转速 $n_3 = 3050$r/min，则各测量点的转速为：3050r/min、3000r/min、2950r/min、2900r/min、2850r/min、2825r/min、2800r/min、2775r/min、2750r/min、2700r/min、2600r/min。

6. 补点测量

对各测量点的数据如有疑问(数据偏离或曲线突变)，可对有疑问测量点重新测量，或在其区间插入测量点测量。

7. 停机

为了保护发动机，在试验完成后，应使发动机怠速运行5~10min后，再停机。

8. 记录试验数据

在试验表格(表2-1)中记录试验人员、试验日期、气温、相对干湿度、发动机型号等相关试验数据。

9. 绘制发动机外特性曲线

(1)列出相关试验数据表，示例见表2-2~表2-4。

(2)根据数据表作特性曲线。特性曲线可用Excel 2003、Visual Basic、C语言等软件来完成。特性曲线见图2-2~图2-4。

五、思考题

(1)如何找发动机的最大功率点、最大转矩点、最低油耗率点？

(2)测试时，影响发动机的最大功率、最大转矩、最低油耗率的因素有哪些？

试验记录表 表 2-1

<table>
<tr><td colspan="7">发动机</td><td colspan="6">试验记录表</td></tr>
<tr><td colspan="2">型号</td><td colspan="2"></td><td>点火(供油)提前角(°)</td><td colspan="2"></td><td colspan="2">大气压力(kPa)</td><td></td><td>试验单位</td><td colspan="2"></td></tr>
<tr><td colspan="2">编号</td><td colspan="2"></td><td>燃油型号</td><td colspan="2"></td><td rowspan="2">大气温度(℃)</td><td>干球</td><td></td><td>试验日期</td><td colspan="2"></td></tr>
<tr><td colspan="2">燃油比重</td><td colspan="2"></td><td>机油型号</td><td colspan="2"></td><td>湿球</td><td></td><td>记录人员</td><td colspan="2"></td></tr>
<tr><td rowspan="3">序号</td><td rowspan="3">试验时间</td><td rowspan="2">转速</td><td rowspan="2">转矩</td><td rowspan="2">功率</td><td colspan="2">燃油消耗量</td><td rowspan="2">燃油消耗率</td><td colspan="2">冷却液温度</td><td rowspan="2">机油温度</td><td rowspan="2">机油压力</td><td rowspan="2">排气温度</td></tr>
<tr><td>质量</td><td>时间</td><td>进</td><td>出</td></tr>
<tr><td>r/min</td><td>N·m</td><td>kW</td><td>g</td><td>S</td><td>g/kW·h</td><td>℃</td><td>℃</td><td>℃</td><td>MPa</td><td>℃</td></tr>
<tr><td>1</td><td></td><td></td><td></td><td></td><td></td><td></td><td></td><td></td><td></td><td></td><td></td><td></td></tr>
<tr><td>2</td><td></td><td></td><td></td><td></td><td></td><td></td><td></td><td></td><td></td><td></td><td></td><td></td></tr>
<tr><td>3</td><td></td><td></td><td></td><td></td><td></td><td></td><td></td><td></td><td></td><td></td><td></td><td></td></tr>
<tr><td>4</td><td></td><td></td><td></td><td></td><td></td><td></td><td></td><td></td><td></td><td></td><td></td><td></td></tr>
<tr><td>5</td><td></td><td></td><td></td><td></td><td></td><td></td><td></td><td></td><td></td><td></td><td></td><td></td></tr>
<tr><td>6</td><td></td><td></td><td></td><td></td><td></td><td></td><td></td><td></td><td></td><td></td><td></td><td></td></tr>
<tr><td>7</td><td></td><td></td><td></td><td></td><td></td><td></td><td></td><td></td><td></td><td></td><td></td><td></td></tr>
<tr><td>8</td><td></td><td></td><td></td><td></td><td></td><td></td><td></td><td></td><td></td><td></td><td></td><td></td></tr>
<tr><td>9</td><td></td><td></td><td></td><td></td><td></td><td></td><td></td><td></td><td></td><td></td><td></td><td></td></tr>
<tr><td>10</td><td></td><td></td><td></td><td></td><td></td><td></td><td></td><td></td><td></td><td></td><td></td><td></td></tr>
<tr><td>11</td><td></td><td></td><td></td><td></td><td></td><td></td><td></td><td></td><td></td><td></td><td></td><td></td></tr>
<tr><td>12</td><td></td><td></td><td></td><td></td><td></td><td></td><td></td><td></td><td></td><td></td><td></td><td></td></tr>
<tr><td colspan="2">备注</td><td colspan="11"></td></tr>
</table>

某发动机外特性试验数据表(一)　　表 2-2

转速(r/min)	1200	1400	1600	1800	2000	2200	2400	2600	2800
转矩（N·m)	362	385	404	410	395	375	353	330	307
功率(kW)	45.9	56.44	67.69	77.28	82.72	86.39	88.71	89.84	90.01
耗油率(g/kW·h)	225	220	218	217	222	228	233	238	244
耗油量(kg/h)	10.23	12.42	14.76	16.77	18.36	19.70	20.67	21.38	21.96
排温(℃)	440	457	472	480	482	495	503	505	507

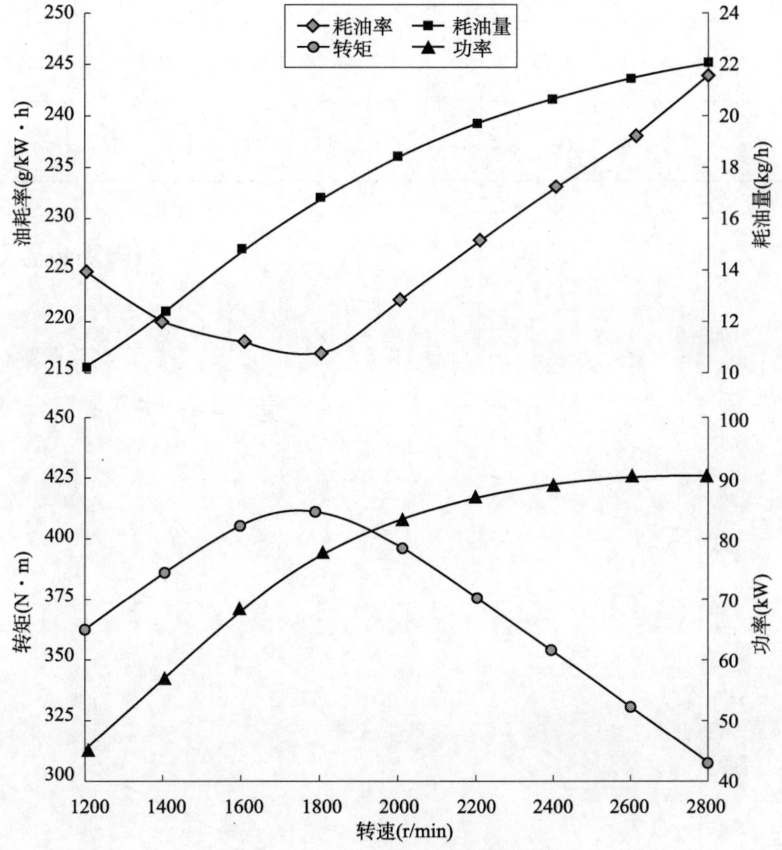

图 2-2　某发动机外特性曲线(一)

某发动机负荷特性试验数据表(二)　　表 2-3

转速(r/min)	1800	1800	1800	1800	1800	1800	1800	1800	1800
转矩（N·m)	410	369	328	287	246	205	164	123	82
功率（kW)	77.28	69.55	61.82	54.09	46.37	38.64	30.91	23.18	15.46
耗油率(g/kW·h)	217	214	212	214	218	228	240	260	315
耗油量(kg/h)	16.77	14.88	13.11	11.58	10.11	8.81	7.42	6.03	4.87
排温(℃)	486	458	446	411	390	345	309	260	240

某发动机调速特性试验数据表(三)　　表 2-4

转速(r/min)	2400	2600	2700	2775	2800	2825	2850	2900	2950	3000	3050	3070
转矩（N·m)	348	325	316	310	307	308	298	276	181	87	38	0
功率(kW)	87.46	88.48	89.34	90.08	90.01	91.11	88.93	83.81	55.91	27.33	12.14	0.00
耗油率(g/kW·h)	235	238	241	243	245	250	251	256	291	426	698	—
耗油量(kg/h)	20.55	21.06	21.53	21.89	22.05	22.78	22.32	21.46	16.27	11.64	8.47	6.65
排温(℃)	505	506	506	507	504	498	490	471	422	366	296	239

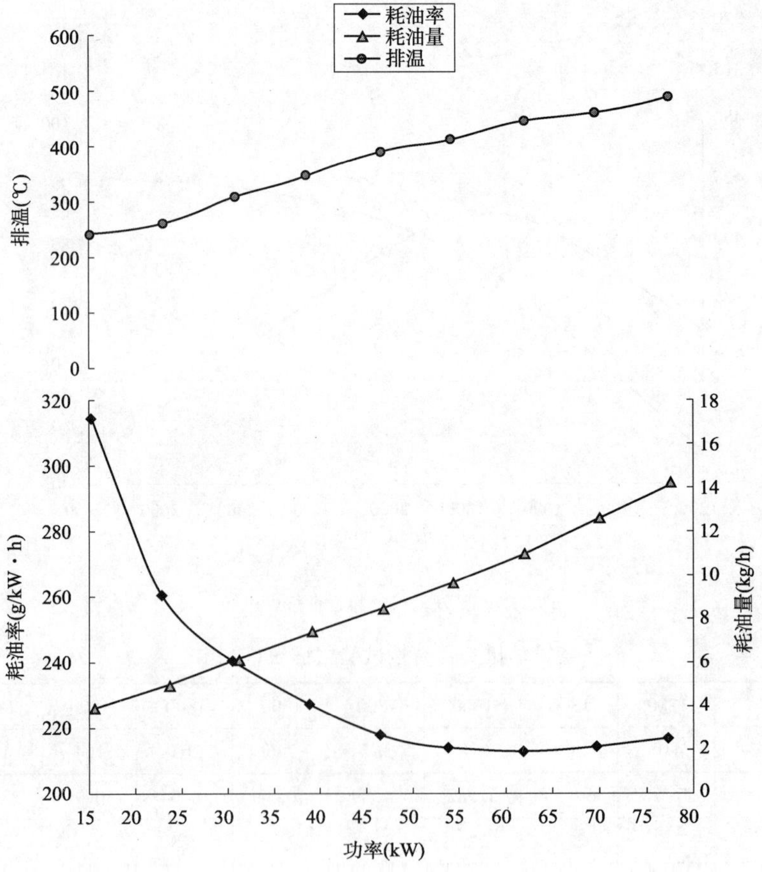

图 2-3　某发动机负荷特性曲线(二)

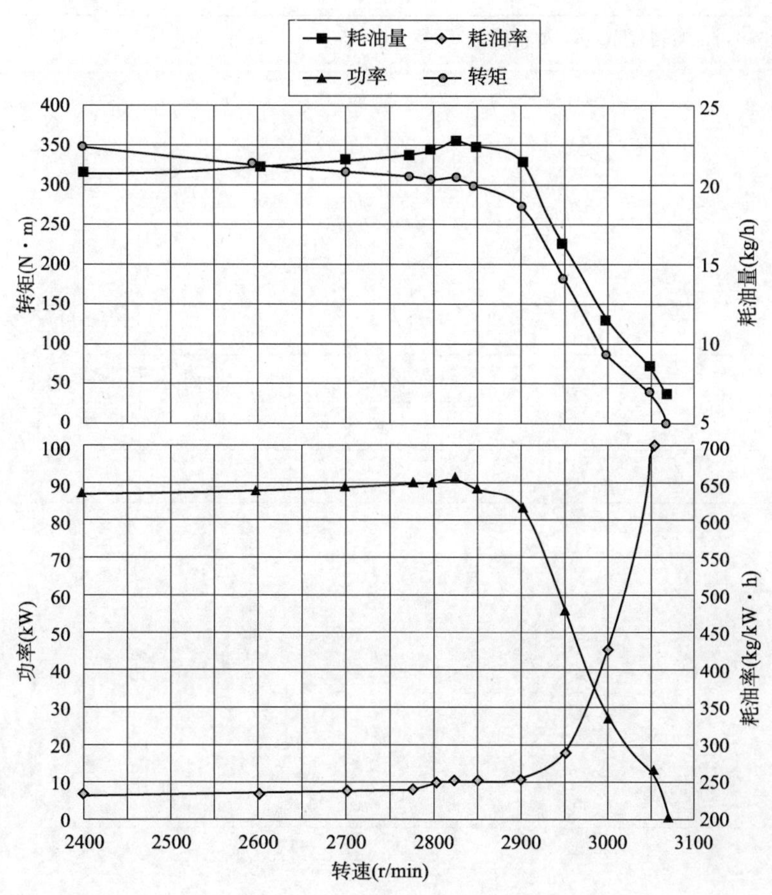

图 2-4 某发动机调速特性曲线(三)

六、任务工单

任务十八 发动机性能测试工作页

专业______ 班级______ 姓名______ 学号_______ 组成员_______________ 日期______

学习情景	总成部件检测	考核成绩	
工作任务	(1)知识目标:了解发动机技术性能参数的要求;掌握发动机技术性能主要参数的计算。 (2)技能目标:独立完成发动机技术性能参数的测试;根据发动机技术性能主要参数分析发动机性能状况		
工具准备	(1)发动机技术参数测量系统。 (2)柴油发动机		
资料收集			

续上表

<table>
<tr><td>技术方案</td><td colspan="6">（小组讨论检测流程，并简要说明）

（内容多可写背纸或附纸填写）</td></tr>
<tr><td rowspan="2">工作安排</td><td>工作项目</td><td>组织实施及安全负责人</td><td>资料收集与记录员</td><td>检测设备负责人</td><td>被测设备负责人</td><td>检测场地负责人</td></tr>
<tr><td>组员分工</td><td></td><td></td><td></td><td></td><td></td></tr>
<tr><td>实施步骤</td><td colspan="6">

（内容多可写背纸或附纸填写）</td></tr>
<tr><td>资料记录</td><td colspan="6">

（内容多可写背纸或附纸填写）</td></tr>
<tr><td>小组实训总结</td><td colspan="6">

（内容多可写背纸或附纸填写）</td></tr>
</table>

实训指导教师____________ 日期____________

任务十九 电控发动机故障诊断与排除(仪器法)

一、学习目标

知识目标	技能目标
熟悉电控发动机故障诊断仪性能及使用注意事项	1. 正确操作发动机故障诊断仪及数据升级; 2. 独立运用发动机故障诊断仪解决简单故障

二、主要仪器设备的型号和规格

(1)BTB50 奔腾发动机实训台。

(2)KT600 故障诊断仪

(3)DY2401 数字万用表。

三、检测工作原理

故障诊断仪(解码器)能够快速简便有效地执行各种不同类型的 ECU 电控系统的故障检测诊断,包括发动机电控系统(点火 ESA、燃油喷射 EFI、怠速控制 ISC、废气再循环 EQS 等)、底盘电控系统(防抱死 ABS、自动变速器 AT、自动悬架 ASC、动力转向 EPS 等)、行驶安全电控系统(安全气囊 SRS 等)等。

对于各种不同类型或系列的车辆,都有许多的应用。每种应用都对应一种测试卡。在测试卡里都存储有对应类型或系列的车辆有关标准数据。车辆各系统的传感器将信号传给 ECU 电控制系统,ECU 的诊断接口又将信息传给故障诊断仪,故障诊断仪根据测试卡里存储的有关标准数据进行比较判断,从而诊断车辆是否有故障存在,并且能找出故障存在部位及原因。

故障诊断仪接在 ECU 控制单元与汽车线路系统之间。它独立工作,并能检测到诸如搭铁不良、传感器或电源连接不良等故障。其通过将来自控制系统的输入和输出信号与预先设置的正常标准值进行比较判断。如有偏差,则不正确值将被记录并储存在仪器中,然后在屏幕上以文字形式将信息显示出来,以便为进一步对故障诊断分析指明方向和具体位置提供依据。

四、试验方法、步骤及工作内容

1. 检测系统的准备

(1)根据被检测车的诊断座选择对应的测试接头。

(2)将选好的测试接头的一端与 KT600 故障诊断仪相连。

(3)将点火开关置于“OFF”位置。

(4)将测试接头的另一端与诊断座相连。

2. KT600 故障诊断仪的操作

(1)将点火开关置于在“ON”位置(或“IG”位置)。

(2)仪器通电后将进行自检,然后进入“主菜单”界面,见图2-5。

(3)在“主菜单”界面下,用“↑”或“↓”键移动光标选择“汽车诊断”,按“确认”键,然后进入“故障测试”界面,见图2-6。

图2-5 “主菜单”界面

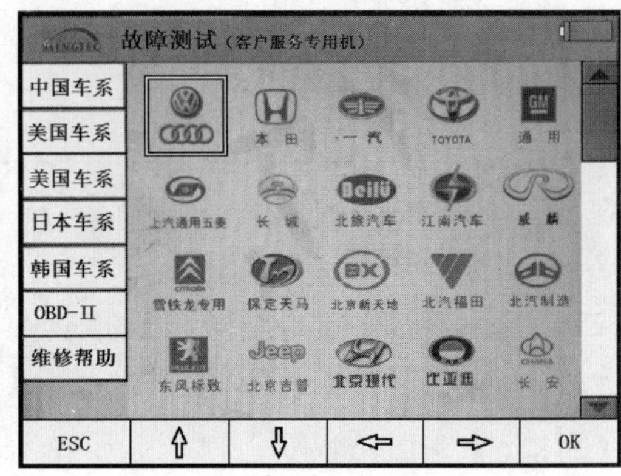

图2-6 “故障测试”界面

(4)在“故障测试”界面下,用“←”“→”“↑”或“↓”键移动光标选择奥迪大众图标,按“确认”键,然后进入“奥迪大众”界面,见图2-7。

(5)在“奥迪大众”界面下,用“←”“→”“↑”或“↓”键移动光标选择“选择系统(新)”,按“确认”键,然后进入“选择系统”界面,见图2-8。

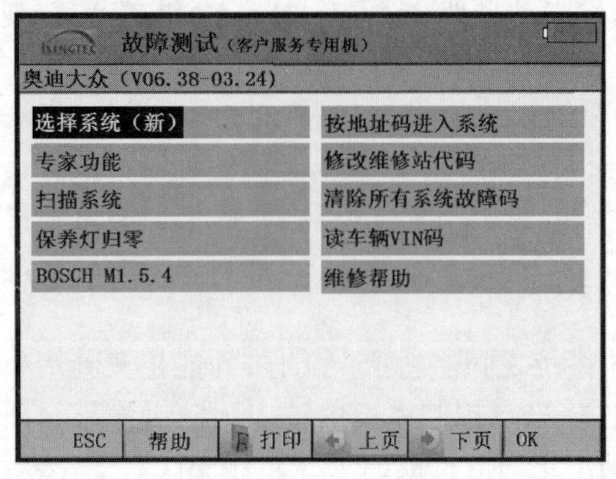

图2-7 “奥迪大众”界面

图2-8 “选择系统”界面

(6)在“选择系统”界面下,用“↑”或“↓”键移动光标选择“按系统选择”,按“确认”键,然后进入“系统”界面,见图2-9。

(7)在“系统”界面下,用“↑”或“↓”键移动光标选择“01-发动机电控系统”,按“确认”键,然后进入“发动机电控系统”界面,见图2-10。

(8)在“发动机电控系统”界面下,用“↑”或“↓”键移动光标选择检测目标,按“确认”键,然后进入相应的检测目标界面。

检测模式包括动态测试模式和静态测试模式。动态测试模式是指发动机在正常运转时,对电控系统的测试,常用于动态数据流的检测;静态测试模式是指点火开关接通(在“ON”位置),发动机不运转时,对电控系统的测试,常用于数据的查询。

(9)按“ESC”键,返回上一级菜单界面。

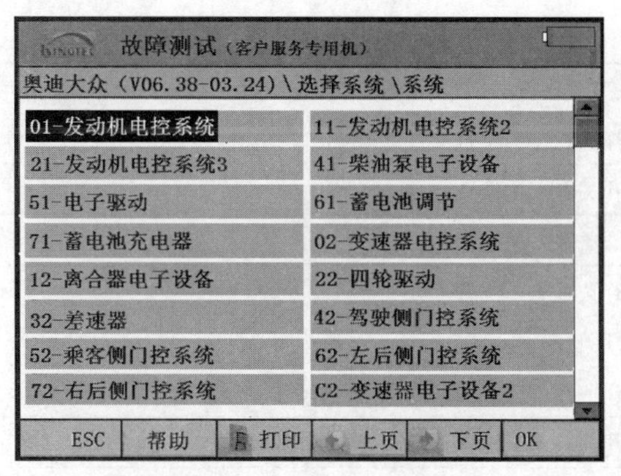

图 2-9 “系统”界面

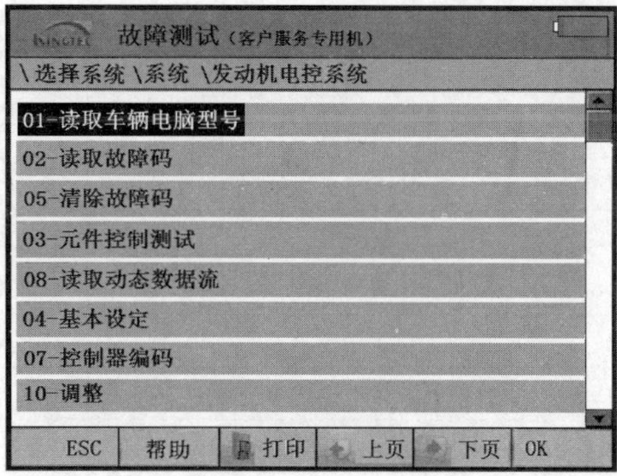

图 2-10 “发动机电控系统”界面

3. 工作内容

(1)起动发动机,对发动机进行预热,当发动机冷却液达到正常工作温度,并确定一切正常后,然后依据检测需要使发动机处于动态测试模式或静态测试模式。

(2)动态数据流检测监控,仔细观察各检测对象的数据变化情况。

(3)读故障码,查找故障信息,并排除故障。

(4)删除记录的故障码。

(5)熟悉仪器的正确操作方法。

(6)验证采用断电法能否清除该系统的故障码。

①在确认存在有故障码的情况下,拆去蓄电池搭铁线 10s 后,再重新接回。

②重新开机读故障码,看故障码是否被清除掉。

(7)检测 ECU 端子电压。

采用万用表,参照面板电路图(图 2-11)测量发动机 ECU 各端子的电压,检测结果应符合表 2-5 中所列的要求,否则应检查相关传感器、执行器和电气配线。

发动机 ECU 端子电压 表 2-5

序号	测试项目	测试端子	测试条件	标准值	检测值
1	节气门位置传感器	66	点火开关在 ON 位置	0.01 ~ 0.25V	
2	节气门位置传感器	59	点火开关在 ON 位置	0.01 ~ 0.25V	
3	节气门位置传感器	69	点火开关在 ON 位置	0.01 ~ 0.25V	
4	节气门位置传感器	75	点火开关在 ON 位置	4.75 ~ 5.25V	
5	节气门位置传感器	62	点火开关在 ON 位置	4.75 ~ 5.25V	
6	节气门位置传感器	74	点火开关在 ON 位置	3.50 ~ 4.00V	
7	曲轴位置传感器	67	点火开关在 ON 位置	0.01 ~ 0.25V	
8	进气温度传感器	54	点火开关在 ON 位置	1.00 ~ 2.20V	
9	冷却液温度传感器	53	点火开关在 ON 位置	5.00 ~ 10.25V	
10	空气流量传感器	13	点火开关在 ON 位置	1.00 ~ 3.00V	
11	空气流量传感器	11	点火开关在 ON 位置	4.75 ~ 5.25V	
12	空气流量传感器	12	点火开关在 ON 位置	0.01 ~ 0.25V	

续上表

序号	测试项目	测试端子	测试条件	标准值	检测值
13	1 号喷油器	73	点火开关在 ON 位置	0.01 ~ 0.25V	
14	3 号喷油器	58	点火开关在 ON 位置	0.01 ~ 0.25V	
15	凸轮轴传感器	76	点火开关在 ON 位置	9 ~ 14V	
16	曲轴位置传感器	63	点火开关在 ON 位置	1.2 ~ 1.7V	
17	曲轴位置传感器	56	点火开关在 ON 位置	1.2 ~ 1.7V	
18	活性炭罐电磁阀	15	点火开关在 ON 位置	0.01 ~ 0.25V	
19	点火线圈	71	点火开关在 ON 位置	0.01 ~ 0.25V	
20	点火线圈	78	点火开关在 ON 位置	0.01 ~ 0.25V	
21	蓄电池(+)	3	点火开关在 ON/OFF 位置	11 ~ 14V	
22	蓄电池(-)	2	点火开关在 ON/OFF 位置	0.01 ~ 0.25V	

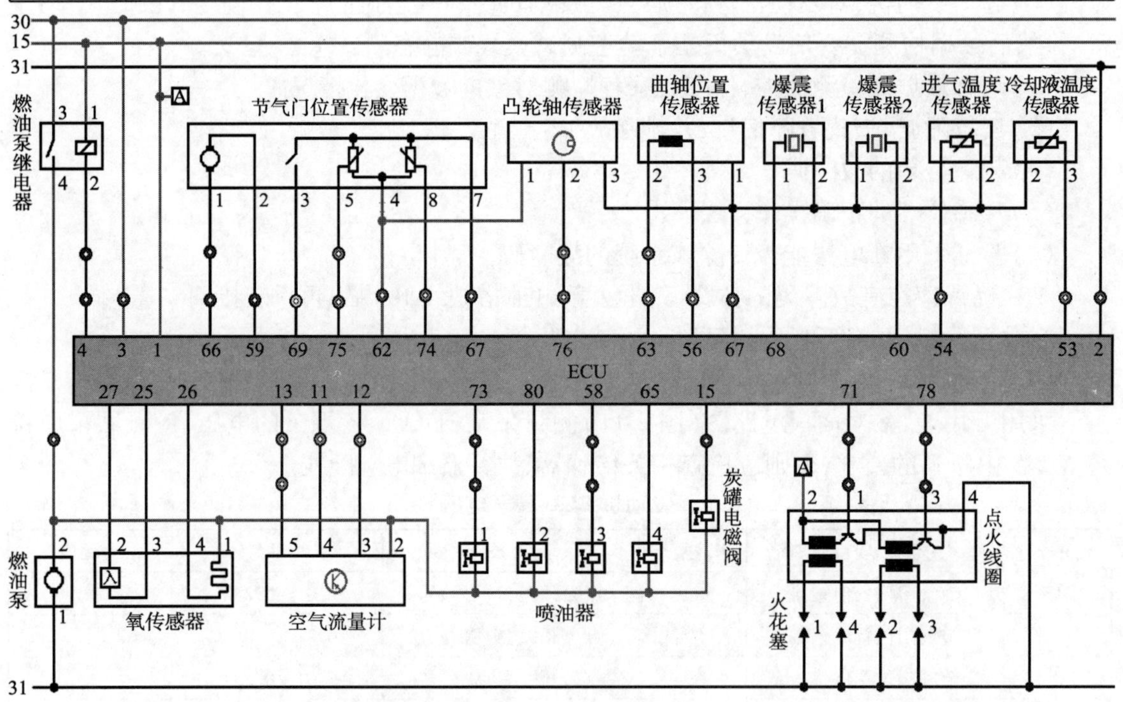

图 2-11 ECU 连接器端子

(8)考核操作面板的操作。

考核操作面板见图 2-12。

①教师首先登录系统并设置故障。

②向学生介绍菜单的功能:“0 ~ 9”键为数字键:供输入数据、菜单选择、操作使用;“↑”“↓”键供显示数据上、下移动时使用;“确认”键供操作后确认使用;“取消”键供取消操作、清除数据、返回上一级菜单使用;“菜单”键进入当前窗体的菜单时使用。

③设备上电后,学生操作单元进入主窗体,按“菜单”键进入主菜单,然后按“学生入口”菜单的相应数字键进入学生子菜单。

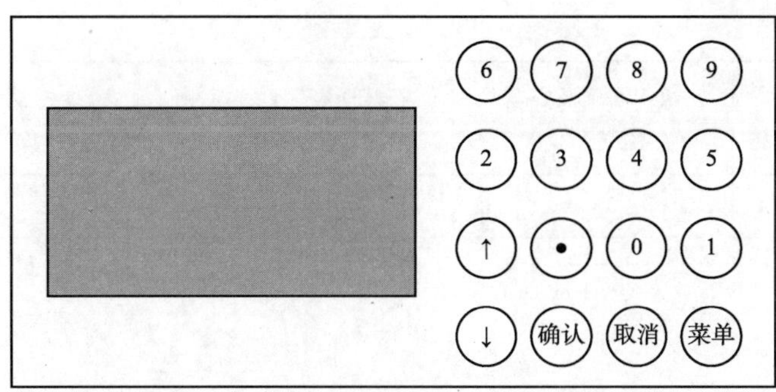

图 2-12 考核操作面板

④根据检测诊断确认的故障，在学生子菜单按相应故障类型进入故障解除窗体。

⑤进行解除、取消故障操作：在故障解除窗体，用"↑""↓"键选中对应的故障目标（移动到显示屏的第一行为有效）；按数字键"0"或"1"切换故障状态（"0"表示解除故障，"1"表示取消），然后按"确认"键执行相应操作；按"取消"键返回上一级菜单。

⑥进行验证。如果故障排除正确，系统就能恢复正常工作。

(9)操作完毕，切断电源，拆出连线，整理好设备仪器。

五、思考题

(1)静态测试模式和动态测试模式有何区别？

(2)清除故障码的方式有哪几种？不同的清码方式各有哪些特点？该电控系统的故障码能用断电法清除吗？

六、任务工单

任务十九 电控发动机故障诊断与排除(仪器法)工作页

专业______ 班级______ 姓名______ 学号________ 组成员________________ 日期______

学习情景	总成部件检测	考核成绩	
工作任务	(1)知识目标：熟悉电控发动机故障诊断仪性能及使用注意事项。 (2)技能目标：正确操作发动机故障诊断仪及数据升级；独立运用发动机故障诊断仪解决简单故障		
工具准备	(1)BTB50 奔腾发动机实训台。 (2)KT600 故障诊断仪。 (3)DY2401 数字万用表		
资料收集			
技术方案	(小组讨论检测流程，并简要说明) (内容多可写背纸或附纸填写)		

续上表

工作安排	工作项目	组织实施及安全负责人	资料收集与记录员	检测设备负责人	被测设备负责人	检测场地负责人
	组员分工					
实施步骤	（内容多可写背纸或附纸填写）					
资料记录	（内容多可写背纸或附纸填写）					
小组实训总结	（内容多可写背纸或附纸填写）					

实训指导教师__________ 日期__________

任务二十 电控发动机故障诊断与排除（经验法）

一、学习目标

知 识 目 标	技 能 目 标
1. 掌握经验法进行电控发动机故障诊断的基本思路； 2. 了解经验法与仪器法故障诊断方法的特点	1. 运用经验法独立完成电控发动机故障诊断的操作流程； 2. 运用经验法与仪器法，对发动机故障进行快速诊断

二、主要仪器设备的型号和规格

（1）丰田 5A-FE 发动机实训台。

（2）DY2401 数字万用表、LED 测试灯、跨接线。

三、检测工作原理

经验是维修人员根据以往的维修经历所形成的思维定式。经验法也是一种快速简便的故障检查方法，多数情况下有助于快速查到故障原因，但有时也会引导维修人员步入误区，因此在应用经验法检修时，一定要配合理性的分析。

如果电控发动机有故障征兆,但自诊断系统未显示故障代码时,可根据故障的征兆现象进行诊断分析。

四、试验方法、步骤及工作内容

1. 常规基本检查

当发动机出现故障时,根据故障征兆,常常采用以下简便方法进行验证发动机的油路和电路工作是否正常。

1)油路工作情况的检查

(1)接上油压表观察油压大小,油压为 0.3MPa 左右为正常;或用手触摸油管感觉软硬程度,感觉硬为正常。

(2)听油泵是否有工作的声音或回油管是否有水流的声音。

2)喷油器工作情况的检查

(1)用手触摸喷油器感觉是否振动,有振动为正常。

(2)用 LED 试验灯接在喷油器接插件两端,起动发动机,观察试验灯是否闪烁,有闪烁为正常。

(3)把 12V 电源接到喷油器接线座的一个端子,把另一个端子重复地与搭铁接通和断开,是否发生短促的“咔嗒”声音,有“咔嗒”声音为正常。

3)火花塞工作情况的检查

(1)拆下火花塞,观看火花塞电极部位。

①呈现金黄色、无积炭,说明工作正常。

②呈现黑色、有积炭,说明燃烧不完全。

③呈现湿润,说明火花塞不工作(从另一个侧面来说,也可以用这种方法来判断油路是否工作正常)。

④火花塞电极间隙为 0.7 ~1.0mm。

(2)将拆下的火花塞接上高压线,起动发动机,观看火花塞电极是否跳火(从另一个侧面来说,也可以用这种方法来判断电路是否工作正常)。

2. 发动机常见故障排除

5A-FE 发动机电控系统原理图见图 2-13。

1)发动机不能起动

(1)起动电路故障。

①故障设置点:蓄电池、起动机、起动继电器、点火开关、熔断器、插接器、连接线等。

②故障现象:起动机不工作。

③检查起动系统电路,找出故障点,并排除故障。

(2)控制电路故障。

①故障设置点:曲轴位置传感器、点火模块熔断器、插接器、连接线等。

②故障现象:发动机不能起动。

③检查控制电路,找出故障点,并排除故障。

(3)油路系统故障。

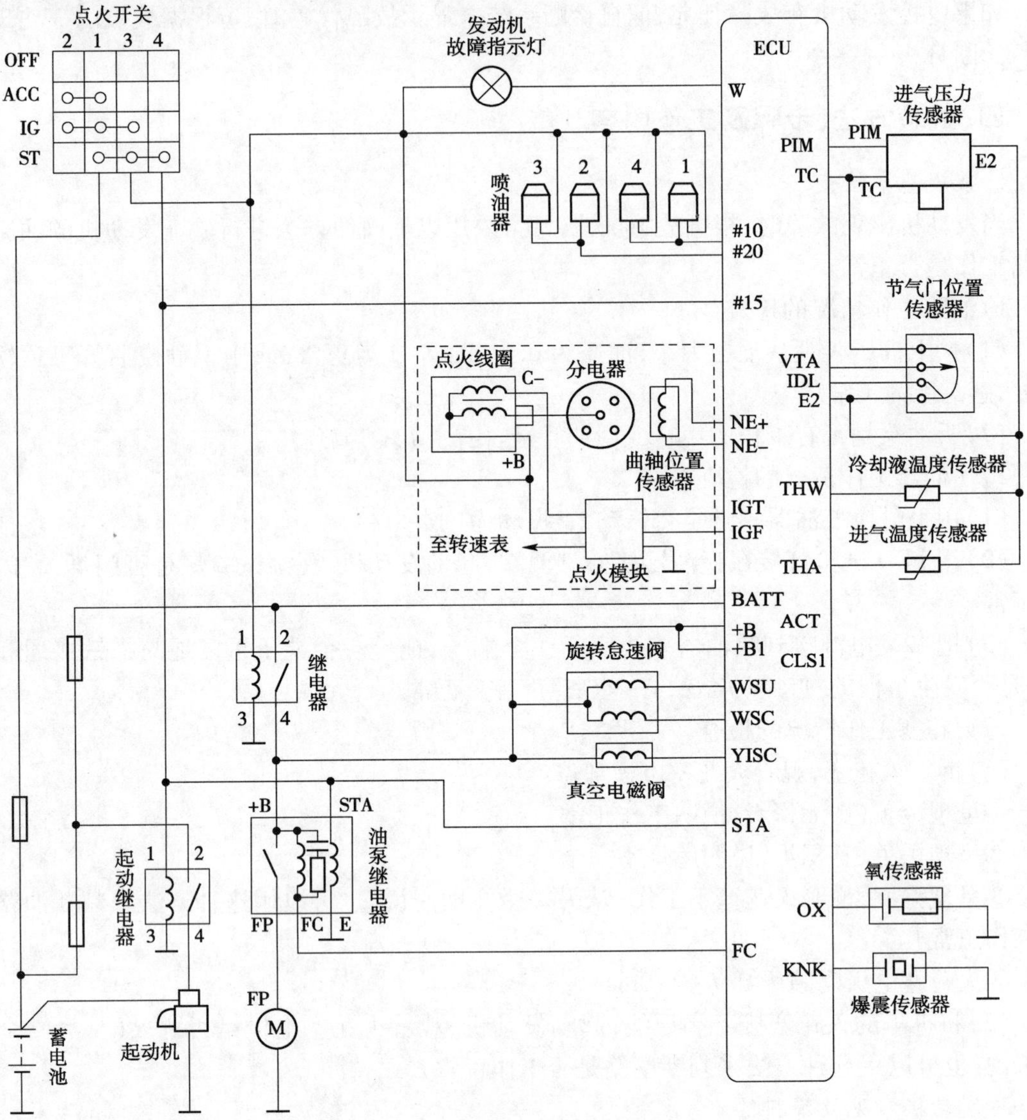

图 2-13　5A-FE 发动机电控系统原理图

①故障设置点:油泵、油箱无油、油泵继电器、插接器、连接线等。

②故障现象:发动机不能起动。

③检查油路系统,找出故障点,并排除故障。

2)怠速不稳

(1)某缸缺火、乱火故障。

①故障设置点:火花塞、高压线、点火顺序等。

②故障现象:发动机能运转,抖动厉害。

③检查点火高压系统,找出故障点,并排除故障。

(2)某缸缺油故障。

①故障设置点:喷油器、燃油压力调节器、插接器、连接线等。

②故障现象:发动机能运转,抖动厉害。
③检查油路系统,找出故障点,并排除故障。
3)加速无力
(1)点火提前角过小故障。
①故障设置点:分电器。
②故障现象:踏下加速踏板后,发动机提速反应迟钝。
③检查点火提前角,找出故障点,并排除故障。
(2)进气量不够故障。
①故障设置点:空气滤清器堵塞。
②故障现象:踏下加速踏板后,发动机提速反应迟钝。
③检查进气系统,找出故障点,并排除故障。

五、思考题

(1)进行故障检测诊断的原则是什么?
(2)经验法排故有何特点?
(3)对排故的过程及结果进行评价分析。

六、任务工单

任务二十　电控发动机故障诊断与排除(经验法)工作页

专业______　班级______　姓名______　学号________　组成员________________　日期______

学习情景	总成部件检测	考核成绩	
工作任务	(1)知识目标:掌握经验法进行电控发动机故障诊断的基本思路;了解经验法与仪器法故障诊断方法的特点。 (2)技能目标:运用经验法独立完成电控发动机故障诊断的操作流程;运用经验法与仪器法,对发动机故障进行快速诊断		
工具准备	(1)丰田5A-FE发动机实训台。 (2)DY2401数字万用表、LED测试灯、跨接线		
资料收集			
技术方案	(小组讨论检测流程,并简要说明) (内容多可写背纸或附纸填写)		

续上表

工作安排	工作项目	组织实施及安全负责人	资料收集与记录员	检测设备负责人	被测设备负责人	检测场地负责人
	组员分工					
实施步骤	（内容多可写背纸或附纸填写）					
资料记录	（内容多可写背纸或附纸填写）					
小组实训总结	（内容多可写背纸或附纸填写）					

实训指导教师____________ 日期____________

任务二十一 发动机点火正时的检查及调整

一、学习目标

知识目标	技能目标
1. 熟悉发动机点火正时对发动机工作的影响； 2. 掌握“判缸”的方法	1. 正确使用发动机点火正时设备； 2. 独立完成机点火正时的检查与调整

二、主要仪器设备的型号和规格

(1)丰田5A-FE发动机热机实训台架(或其他型号汽油发动机)。

(2)JON TL-122点火提前角测量仪。

(3)扳手、粉笔。

三、检测工作原理

一辆汽车的发动机点火正时是否正常会直接影响到汽车的起动性能、动力性、燃油消耗量、废气排放物等。因此需对汽车的发动机点火正时进行检测及调整。我们可通过点火提前角测量仪对其车载发动机进行点火正时的测量。测量仪从第1缸点火提取信号来触发闪光灯，光线照到旋转的皮带轮（或飞轮上）的上止点标记与发动机机体上的点火提前角某一角度数值标记相对应，由于人眼留视觉的影响，因而在记号处位置产生一个相对静止的图像，如图2-14所示。对照标准点火正时角度，调整发动机的点火提前角，使发动机工作在最佳状态。例如，丰田5A-FE发动机怠速点火正时角度为10°。

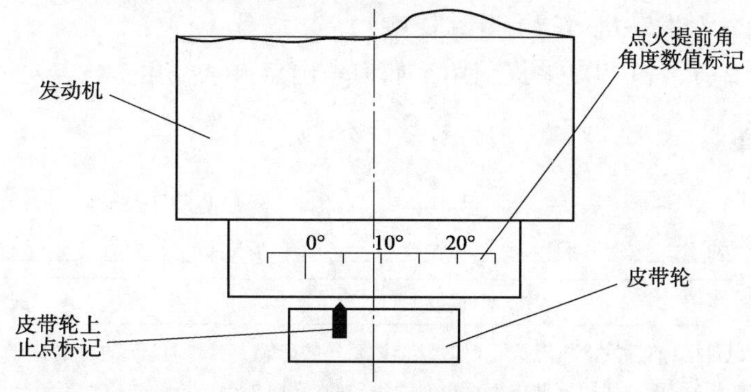

图2-14　点火正时角度检测原理

四、试验方法、步骤及工作内容

（1）手动转动发动机以确定第1缸上止点的位置，在曲轴同步的可见处（前端皮带轮或飞轮）作一个记号。

（2）将JON TL-122点火提前角测量仪的触发传感器夹在第1缸的高压线上（注意箭头对火花塞的方向），接通电源（红为正极、黑为负极）。仪器的连接见图2-15。

（3）在曲轴皮带轮边缘上做1缸压缩上止点记号。

（4）起动发动机，让发动机预热至正常工作温度状态。

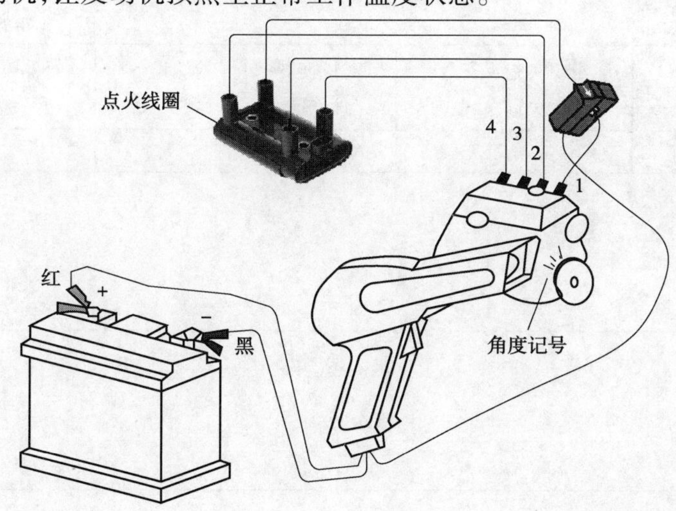

图2-15　仪器的连接

（5）在怠速稳定的条件下，将测量仪的闪光灯头对准角度记号处，按下闪光开关，观察曲轴皮带轮边缘“V”槽记号与角度记号相对准的位置，读出该怠速的点火提前角。

（6）如果点火提前角不符合标准，应进行调整。调整方法：松开分电器的固定螺钉，顺时针旋转分电器，点火提前角增大，逆时针旋转分电器，点火提前角减小。

(7)操作完毕，切断电源，拆出连线，整理好备仪器。

五、思考题

(1)点火提前角对发动机运行有什么影响？

(2)如何检测2、3、4缸的点火提前角？如何求出点火重叠角？

六、任务工单

任务二十一　发动机点火正时的检查及调整工作页

专业______　班级______　姓名______　学号________　组成员________________　日期______

<table>
<tr><td>学习情景</td><td colspan="4">总成部件检测</td><td>考核成绩</td><td></td></tr>
<tr><td>工作任务</td><td colspan="6">(1)知识目标：熟悉发动机点火正时对发动机工作的影响；掌握“判缸”的方法。
(2)技能目标：正确使用发动机点火正时设备；独立完成机点火正时的检查与调整</td></tr>
<tr><td>工具准备</td><td colspan="6">(1)丰田5A-FE发动机热机实训台架(或其他型号汽油发动机)。
(2)JON TL-122点火提前角测量仪。
(3)扳手、粉笔</td></tr>
<tr><td>资料收集</td><td colspan="6"></td></tr>
<tr><td>技术方案</td><td colspan="6">(小组讨论检测流程，并简要说明)
(内容多可写背纸或附纸填写)</td></tr>
<tr><td rowspan="2">工作安排</td><td>工作项目</td><td>组织实施及安全负责人</td><td>资料收集与记录员</td><td>检测设备负责人</td><td>被测设备负责人</td><td>检测场地负责人</td></tr>
<tr><td>组员分工</td><td></td><td></td><td></td><td></td><td></td></tr>
<tr><td>实施步骤</td><td colspan="6">(内容多可写背纸或附纸填写)</td></tr>
<tr><td>资料记录</td><td colspan="6">(内容多可写背纸或附纸填写)</td></tr>
<tr><td>小组实训总结</td><td colspan="6">(内容多可写背纸或附纸填写)</td></tr>
</table>

实训指导教师____________　日期____________

任务二十二 发动机汽缸压力的检测

一、学习目标

知识目标	技能目标
了解发动机汽缸压力对发动机工作的影响	1. 规范完成发动机缸压检测的操作过程； 2. 正确判断并分析缸压数据

二、主要仪器设备的型号和规格

(1)丰田5A-FE发动机热机实训台架。

(2)YT-6B汽缸压力表。

三、检测工作原理

一辆汽车的发动机各汽缸压力及压力差是否正常会直接影响到汽车的起动性能、动力性、燃油消耗量、废气排放物等，因此需进行汽缸压力的检测。检测可通过YT-6B汽缸压力表，采用螺纹连接旋入火花塞孔内进行测试。压力测试是在一定转速下，对每一缸进行测试，可诊断活塞、活塞环气门、汽缸盖、衬垫是否处于正常状态。

在用汽车发动机各缸压力不少于原设计标准的85%，每缸压力与各缸平均压力差，汽油机不超过8%，柴油机不超过10%。常用车型汽缸压缩压力参见表2-6。

常用车型汽缸压缩压力　　表2-6

型　号	压缩比	汽缸压力(MPa)	各缸压力差(MPa)	检测转速(r/min)
东风EQ6100-1	7.0	0.833	≤147	100～150
解放CA6102	7.4	0.930	≤150	100～150
捷达EA827	8.5	0.9～1.2	≤300	200～250
桑塔纳AJR	9.3	1.0～1.35	≤300	200～250
富康TU3	8.3	1.20	≤300	200～250
丰田5A-FE	9.3	0.9～1.3	≤300	200～250

四、试验方法、步骤及工作内容

(1)变速器挂空挡，拆去点火系电源，拆下各缸火花塞，确保蓄电池充满电。

(2)用手将连接测头旋入火花塞孔中并拧紧，然后再与压力表软管快速接头连在一起(分别按1、2、3…缸循序)。

(3)打开节气门和阻风门，以便于发动机通风进气。

(4)接通起动机电源，对每个汽缸进行测试，应使发动机至少运转四次压缩行程，并保证各汽缸的运转行程相等。在测每一次前，都应揿下排气按钮，使压缩气体泄出，仪表指针回复到“零”位。每缸测量两次。

(5)记录每一缸的压力值以便对照诊断,记录表见表2-7。

测试压力记录表　　表2-7

缸数		1	2	3	4
汽缸压力	第1次测(MPa)				
	第2次测(MPa)				
	每缸压力(MPa)				
汽缸压力差(MPa)					
结论					

注:每缸压力=(第1次测+第2次测)/2;

平均压力值=(每缸压力$_1$+每缸压力$_2$+每缸压力$_3$+每缸压力$_4$)/4;

上限值=平均压力+(平均压力×8%);

下限值=平均压力-(平均压力×8%);

汽缸压力差=|平均压力-每缸压力|。

(6)分析测试结果。

①如果第一冲程压力较低,在后几个冲程有所提高,但仍未达到正常压力,说明活塞环存在泄漏。

②如果第一冲程压力较低,在后几个冲程仍无改善,说明气门存在泄漏。

③对压力偏低的汽缸可通过火花塞孔内注入少量机油,重新测试压力,如果压力升高,说明活塞环磨损。如果压力仍未升高,说明气门需要修理。

④若压力略高于被测发动机的规定值,说明在燃烧室内或活塞上可能存在过量积炭。

(7)检测要求。

①实训系统的连接,熟悉仪器的正确操作方法。做好实训的现场记录。

②做实训时应注意安全,爱护仪器设备。实训完毕,切断电源,拆出连线,整理好设备仪器。

③判断被测发动机是否正常。

五、思考题

若检测各缸的压力高于或低于被测发动机的规定值,则会对发动机造成什么影响?

六、任务工单

任务二十二　发动机汽缸压力的检测工作页

专业______　班级______　姓名______　学号________　组成员________________　日期______

学习情景	总成部件检测	考核成绩	
工作任务	(1)知识目标:了解发动机汽缸压力对发动机工作的影响。 (2)技能目标:规范完成发动机缸压检测的操作过程;懂得判断缸压数据准确与否		
工具准备	(1)丰田5A-FE发动机热机实训台架。 (2)YT-6B汽缸压力表		

续上表

<table>
<tr><td>资料收集</td><td colspan="6"></td></tr>
<tr><td>技术方案</td><td colspan="6">（小组讨论检测流程，并简要说明）

（内容多可写背纸或附纸填写）</td></tr>
<tr><td rowspan="2">工作安排</td><td>工作项目</td><td>组织实施及安全负责人</td><td>资料收集与记录员</td><td>检测设备负责人</td><td>被测设备负责人</td><td>检测场地负责人</td></tr>
<tr><td>组员分工</td><td></td><td></td><td></td><td></td><td></td></tr>
<tr><td>实施步骤</td><td colspan="6">（内容多可写背纸或附纸填写）</td></tr>
<tr><td>资料记录</td><td colspan="6">（内容多可写背纸或附纸填写）</td></tr>
<tr><td>小组实训总结</td><td colspan="6">（内容多可写背纸或附纸填写）</td></tr>
</table>

实训指导教师＿＿＿＿＿＿　　日期＿＿＿＿＿＿

任务二十三　电控发动机喷油器的检测

一、学习目标

知识目标	技能目标
1. 了解喷油器的常见故障； 2. 掌握喷油器故障对发动机工作的影响	1. 独立完成喷油器性能的测试； 2. 规范完成喷油器清洗操作

二、主要仪器设备的型号和规格

(1)喷油器(4 缸或 6 缸电控发动机同一组的喷油器)。

(2)汽车喷油嘴清洗检测仪。

(3)喷油器清洗液、喷油器检测液。

(4)数字万用表。

三、检测工作原理

对于电喷发动机,喷油器是重要的部件之一,当出现不能起动、冷热起动困难、怠速不稳、熄火或运转不稳、功率不足、排放超标等问题时,都很有可能是喷油器工作不正常所引起的,因而对喷油器检测是不可少的一个重要环节。

利用喷油嘴清洗检测仪模拟发动机的燃油供给控制系统,可直观地完成对喷油器在各工况的性能检测,能直接对同一台发动机的喷油器进行密封性、雾化情况、喷油角度、喷油量、喷油均匀度的检测及清洗工作,从而判断同组的喷油器是否符合标准。

超声波清洗是利用超声波在介质中传播时产生的穿透性和空化冲击波,将带有复杂外形、内腔和细孔的物体进行强力清洗的功能来彻底清除喷油器上的顽固积炭。

1. 检测标准

(1)在喷油器电阻的测量时,各喷油器的电阻之差应小于 1Ω。喷油器阻值在 12 ~ 18Ω 时,可以直接把 12V 电压施加在喷油器上;当喷油器的电阻在 1 ~ 3Ω 时,如供给 12V 电压必须串联一只 5 ~ 8Ω 的电阻器。

(2)喷油器的油束应均匀,并呈圆锥形。喷油束角度一般为 10° ~ 40°。

(3)检测喷油器的密封性,应在工作压力下(0. 25 ~ 0. 3MPa)观察喷油器的喷嘴,在 1min 内滴漏量不允许超过 1 滴。

(4)喷油器的喷油量为 160 ~ 250mL/min,各喷油器的喷油量误差不得超过 5%。

2. 仪器的操作面板

仪器的操作面板示意图见图 2-16,具体按键功能如下所述。

(1)工作键。

按下“▶”键后,开始执行所选的工作项目。

(2)暂停键。

按下“❚❚”键后,暂时停止所选的工作项目。

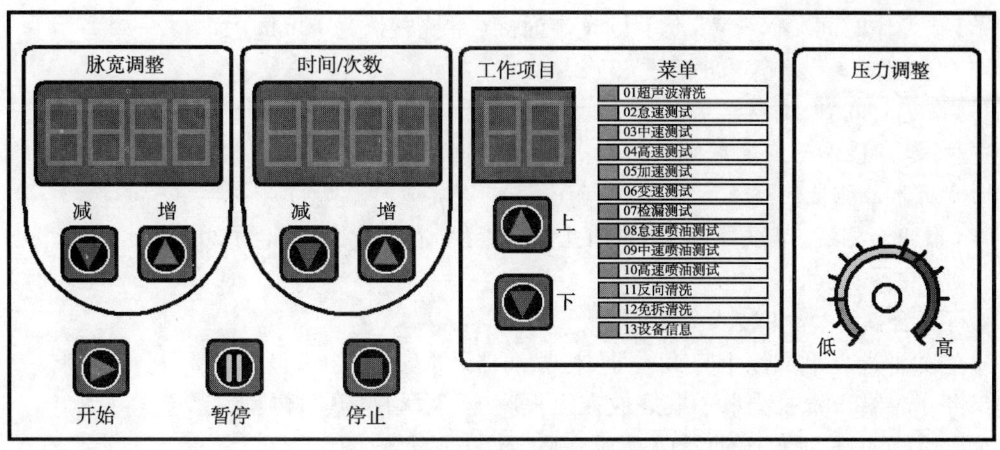

图2-16 操作面板示意图

(3)停止键。

按下“■”键后,停止所选的工作项目,并返回所选的工作项目。

(4)脉宽调整键。

调整喷油器工作时脉宽大小。按“▲”键增加喷油器工作时脉宽,按“▼”键减少喷油器工作时脉宽。

(5)时间/次数选择键。

选择工作时间的调整或喷油次数的调整。调整喷油器工作时间或喷油次数,按“▲”键增加喷油器工作时间或喷油次数,按“▼”键减少整喷油器工作时间或喷油次数。

(6)工作项目选择键。

按“▲”键向上选择工作项目,按“▼”键向下选择工作项目。

(7)压力调节旋钮。

调整检测液压力大小,向右旋压力增加,向左旋压力减小。

四、试验方法、步骤及工作内容

1. 测量喷油器电阻

将万用表置于“Ω”挡位,测量各喷油器电阻值,将测量结果填入表2-8中。

喷油器电阻测量值 表2-8

1缸电阻值(Ω)	2缸电阻值(Ω)	3缸电阻值(Ω)	4缸电阻值(Ω)

2. 清洗喷油器超声波

(1)将喷油器放入汽油或清洗油中,仔细清除外部油污后用软布擦拭干净。检查喷油嘴上的橡胶圈是否损坏,如有损坏,应及时更换。

(2)在超声波清洗槽内放入清洗支架,倒入适量的专用清洗剂,要浸过支架表面。

(3)将驱动线插头依次插入喷油器插孔中,将喷油器放入清洗支架孔位上。

(4)打开仪器设备电源。

(5)按选择“▲”“▼”上下键选定“01超声波清洗”项。

(6)按工作时间“▲”“▼”上下键设定时间(系统默认为10min)。

(7)按工作“▶”键超声波清洗开始。

(8)设定时间到,清洗结束。

注意:超声槽内无清洗剂时严禁打开超声系统以免造成设备损坏。

3. 喷油器性能检测

(1)添加检测液。从量筒上方的圆孔倒入专用喷油器测试液,约2000mL。

(2)喷油器的安装。

①将复合偶件、堵头装入分油器。

②在喷油器O形圈涂上点润滑脂,将喷油器装入复合偶件。

③将分油器和喷油器水平端好放在上板座上,两端用锁紧杆旋紧固定。

④连接好油路,插好喷油器驱动线。喷油器安装示意图见图2-17。

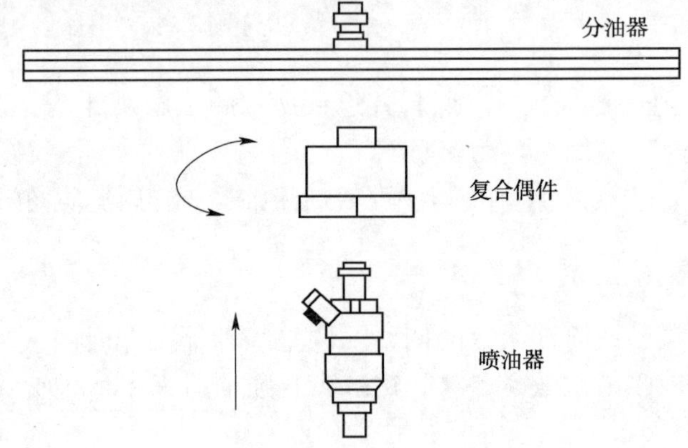

图2-17　喷油器安装示意图

(3)打开仪器设备电源。

(4)怠速测试。

①按选择“▲”“▼”上下键选定“02 怠速测试”项。

②按工作时间“▲”“▼”上下键设定时间(2min)。

③按工作“▶”键开始工作。

④旋转压力调节旋钮,使压力调至0.25~0.30MPa。

⑤按脉宽选择“▲”“▼”上下键选择合适的脉宽(3.0ms)。

⑥按下泄油手柄,以便观察喷油量。

⑦设定时间到,测试结束。

⑧记录各缸喷油量,填入表2-9中。

⑨抬起泄油手柄,将测试液放回油箱。

怠速工况喷油量　　表2-9

1缸(mL)	2缸(mL)	3缸(mL)	4缸(mL)

(5)中速测试。

①按选择“▲”“▼”上下键选定“03 中速测试”项。

②按工作时间“▲”“▼”上下键设定时间(2min)。

③按工作“▶”键开始工作。

④旋转压力调节旋钮,使压力调至0.25~0.30MPa。

⑤按脉宽选择“▲”“▼”上下键选择合适的脉宽(12.0ms)。

⑥按下泄油手柄,以便观察喷油量。

⑦设定时间到,测试结束。

⑧记录各缸喷油量,填入表2-10中。

⑨抬起泄油手柄,将测试液放回油箱。

中速工况喷油量　　表2-10

1缸(mL)	2缸(mL)	3缸(mL)	4缸(mL)

(6)高速测试。

①按选择“▲”“▼”上下键选定“04 高速测试”项。

②按工作时间“▲”“▼”上下键设定时间(2min)。

③按工作“▶”键开始工作。

④旋转压力调节旋钮,使压力调至0.25~0.30MPa。

⑤按脉宽选择“▲”“▼”上下键选择合适的脉宽(6.0ms)。

⑥按下泄油手柄,以便观察喷油量。

⑦设定时间到,测试结束。

⑧记录各缸喷油量,填入表2-11中。

⑨抬起泄油手柄,将测试液放回油箱。

高速工况喷油量　　表2-11

1缸(mL)	2缸(mL)	3缸(mL)	4缸(mL)

(7)检漏测试。

①按选择“▲”“▼”上下键选定“06 检漏测试”项。

②按工作时间“▲”“▼”上下键设定时间(1min)。

③按工作“▶”键开始工作。

④旋转压力调节旋钮,使压力调至0.25~0.30MPa。

⑤按脉宽选择“▲”“▼”上下键选择合适的脉宽(3.0ms)。

⑥按下泄油手柄,以便滴油次数。

⑦设定时间到,测试结束。

⑧记录各缸滴油次数,填入表2-12中。

⑨抬起泄油手柄,将测试液放回油箱。

检　漏　测　试　　表2-12

1缸(滴)	2缸(滴)	3缸(滴)	4缸(滴)

(8)喷油开启时间的检测。

条件:喷油速度为650、2250、3000次/min、喷油次数为100次、油压力为0.3MPa时,不断减小喷油脉宽(一般可从2ms开始,以0.1ms的递减),当喷油量<0.01mL时的喷油脉宽为喷油开启时间。

将实验数据填入表2-13中。

喷油开启时间表 表2-13

工况号	喷油速度(次/min)	喷油次数(次)	供油压力(MPa)	喷油开启时间(ms)			
				1缸	2缸	3缸	4缸
1	650	100	0.3				
2	2250	100	0.3				
3	3000	100	0.3				

(9)喷油特性的检测。

①喷油速度为6000次/min(分别做5000次/min、4000次/min、3000次/min、2000次/min、1000次/min,在这里只要求做一种)、喷油次数为9000次(喷油次数可依喷油脉宽增大而适当减小)、油压力为0.3MPa。

②喷油脉宽一般可从喷油开启时间(例如1.4ms)开始,每次递增Δt(例如0.2ms),一般为8个点以上。

③将实验数据填入表2-14中。

喷油量(6000次/min)表 表2-14

工况号	喷油速度(次/min)	喷油脉宽(ms)	喷油次数(次)	供油压力(MPa)	喷油量(mL)			
					1缸	2缸	3缸	4缸
1	6000	1.4	9000	0.3				
2	6000	1.6	9000	0.3				
3	6000	1.8	8000	0.3				
4	6000	2.0	8000	0.3				
5	6000	2.2	7000	0.3				
6	6000	2.4	7000	0.3				
7	6000	2.6	6000	0.3				
8	6000	2.8	6000	0.3				
9	6000	3.0	5000	0.3				

④用公式计算出每次喷油量,将数据填入表2-15中。

$$\text{每次喷油量}=\frac{\text{喷油量}}{\text{喷油次数}}$$

⑤依据表2-15的数据绘制喷油特性曲线图,横坐标一般为喷油脉宽时间(ms),纵坐标一般为每次喷油量(mL)。

每次喷油量(6000 次/min)表　　表 2-15

工况号	喷油速度(次/min)	喷油脉宽(ms)	喷油次数(次)	供油压力(MPa)	每次喷油量(ml)			
					1 缸	2 缸	3 缸	4 缸
1	6000	1.4	9000	0.3				
2	6000	1.6	9000	0.3				
3	6000	1.8	8000	0.3				
4	6000	2.0	8000	0.3				
5	6000	2.2	7000	0.3				
6	6000	2.4	7000	0.3				
7	6000	2.6	6000	0.3				
8	6000	2.8	6000	0.3				
9	6000	3.0	5000	0.3				

五、思考题

(1)为何各缸的喷油量不一样?

(2)喷油开启时间对喷油量有何影响?对发动机工作有何影响?为什么?

(3)更换喷油器时,应注意哪些事项?

六、任务工单

任务二十三　电控发动机喷油器的检测工作页

专业______ 班级______ 姓名______ 学号______ 组成员______________ 日期______

学习情景	总成部件检测	考核成绩	
工作任务	(1)知识目标:了解喷油器的常见故障;掌握喷油器故障对发动机工作的影响。 (2)技能目标:独立完成喷油器性能的测试;规范完成喷油器清洗操作		
工具准备	(1)喷油器(4 缸或 6 缸电控发动机同一组的喷油器)。 (2)汽车喷油器嘴清洗检测仪。 (3)喷油器清洗液,喷油器检测液。 (4)数字万用表		
资料收集			
技术方案	(小组讨论检测流程,并简要说明) (内容多可写背纸或附纸填写)		

续上表

工作安排	工作项目	组织实施及安全负责人	资料收集与记录员	检测设备负责人	被测设备负责人	检测场地负责人
	组员分工					
实施步骤	（内容多可写背纸或附纸填写）					
资料记录	（内容多可写背纸或附纸填写）					
小组实训总结	（内容多可写背纸或附纸填写）					

实训指导教师____________　日期____________

任务二十四　喷油泵供油量的检测与调整

一、学习目标

知识目标	技能目标
1. 了解喷油泵的故障现象及原因； 2. 掌握喷油泵供油量参数的计算方法	掌握喷油泵供油量的调整方法及步骤

二、主要仪器设备的型号和规格

（1）12PSDB 型喷油泵试验台。

（2）A 型柱塞喷油泵（6 缸、喷油顺序为 1-5-3-6-2-4）。

三、检测工作原理

经长期工作后，喷油泵随着偶件的磨损，供油量会逐渐下降，由于各柱塞磨损也不会一致，各缸供油不均匀度也会超差。喷油泵的工作好坏直接影响到柴油机的经济性、动力性和可靠性。

为恢复喷油泵性能，需在试验台上对喷油泵进行调整。模拟发动机的工况转速与输油泵压力,并测量各柱塞的供油量。将检测结果与参数表给定值对照,若测量值不符合规定时,调整各柱塞供油量使之符合标准。供油量的调节是通过齿杆、转动套使喷油泵的全部柱塞同时转动来实现的。本实验是针对 A 型柱塞喷油泵的检测调整,供油量不均匀度标准见表 2-16。

供油量不均匀度标准　　表 2-16

序号	工　况	调速手柄位置	供油量(mL/200 次)	不均匀度
1	高转速供油量(1100r/min)	最大	28 ±0.5	< ±3%
2	中转速供油量(750r/min)	最大	25 ±0.5	< ±3%
3	怠速供油量(275r/min)	最小	4 ±0.5	< ±20%
4	起动供油量(150r/min)	最大	20 ~ 28	< ±20%
5	断油(1450 ~ 1650r/min)	最大	油量明显减少	—
6	零油位(任何转速)	停机手柄至零	无滴油	—
7	密封性(停转、1.0MPa)	—	无渗漏	—
8	供油重叠角≤3°			

各缸供油量不均匀度计算公式为:

$$\delta = \frac{2 \times (L_{大} - L_{小})}{L_{大} + L_{小}} \times 100\%$$

式中:$L_{大}$——被测喷油泵的供油量是最大一缸的供油量;

$L_{小}$——被测喷油泵的供油量是最小一缸的供油量。

注:对于不同型号的喷油泵,其转速、供应量是不一样的。

四、试验方法、步骤及工作内容

1. 12PSDB 型喷油泵试验台的操作

(1)转速的选择。旋转调速旋钮,顺时针转速升高,逆时针转速降低,通过观察控制器操作面板上的转速显示器,调至所需要的转速。调速旋钮见图 2-18,控制器操作面板见图 2-19。每次启动主电动机前,应将调速旋钮置于零位(逆时针旋转)。

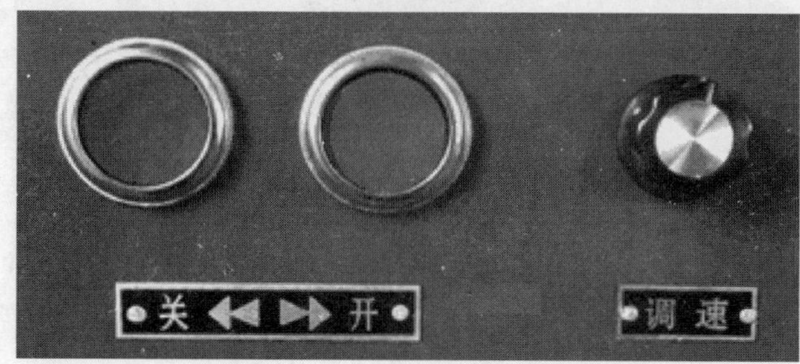

图 2-18　调速旋钮及油泵开关

(2)操作工位的选择。按控制器操作面板上的“左”键,“挡位状态”窗口显示“ ⊢ ”符号。这样就选择在左边工位进行操作。

(3)起动/停止主电动机。按控制器操作面板上的“正转”键,“正转状态”指示灯点亮,然后旋转调速旋钮,主电动机开始旋转;按控制器操作面板上的“停止”键,“正转状态”指示灯灭,“停止状态”指示灯点亮,主电动机停转。

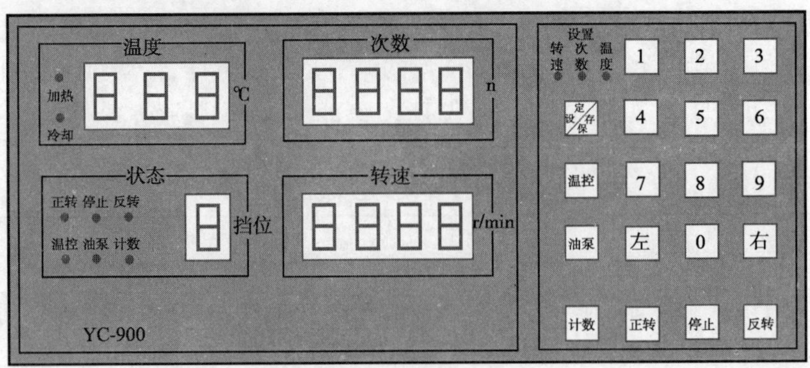

图 2-19 控制器操作面板

(4)预置供油量油次数。按控制器操作面板上的“设定/保存”键,“转速”窗口闪烁,再按一次“设定/保存”键,“计数”窗口闪烁,这时按各“数字(0～9)”键输入所需的数值,然后再按一次“设定/保存”键即可。

(5)开始/停止计数。按控制器操作面板上的“计数”键,计数开始,再按一次“计数”键停止。计数开始后,“计数状态”指示灯点亮,“计数”窗口显示零,然后进行“+1”计数。到达设定的预置供油量油次数后自动停止。

(6)启动/停止油泵。按控制器操作面板上的“油泵”键,“油泵状态”指示灯点亮,开始供油。若再按一次“油泵”键,供油结束,“油泵状态”指示灯灭。

(7)设定供油压力。按绿色按钮,油泵开始运转;按红色按钮,油泵停止运转。

①低压段压力(0～0.4MPa)的调节。

在油泵运转下,调整“调压阀”旋钮至零位(即高压表和低压表的指针均在0)时,顺时针旋转使压力升高。在检测油泵供油量时,该压力一般为 0.15 MPa。“供油压力”旋钮见图 2-20。

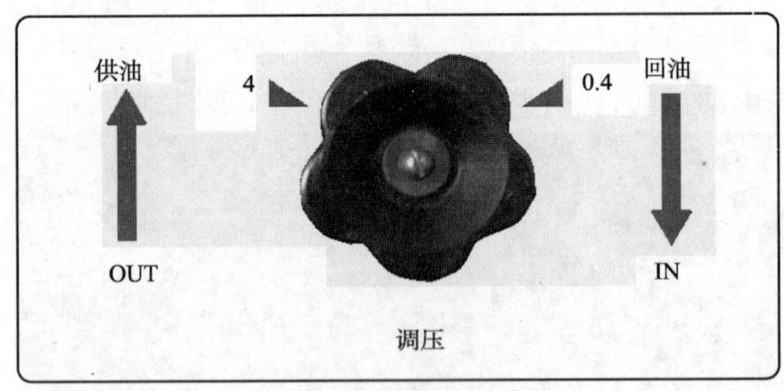

图 2-20 “供油压力”旋钮

②高压段压力(0～4MPa)的调节。

在油泵运转下,调整“调压阀”旋钮至零位(即高压表和低压表的指针均在0)时,逆时针旋转使压力升高。在检测油泵密封性时,该压力一般为 1.0 MPa。

2. 检测准备工作

(1)将喷油器与喷油泵试验台架联轴节相连接并固定,连接喷油泵各进油管、出油管,见图 2-21。

(2)检查喷油泵试验台架各仪表(如转速表、机油压力表等)是否安装正确,检查燃油是否符合要求。

(3)启动喷油泵试验台,设定喷油泵的低压供油压力(0.15MPa)。起动主轴电动机,选择手动方式调节喷油泵的调速旋钮,并调整喷油泵的转速至检测要求值。

图 2-21 喷油泵的安装

3.喷油泵的检测

(1)检测密封性。

①拧开各高压油管接头。

②调整“调压阀”旋钮,使高压压力表显示的压力值为 1.0 MPa。

③在主轴转速为零状态下,按控制器操作面板上的“油泵”键。

④观察各柱塞泵是否有渗漏现象。

⑤检测结束后,将各高压油管接头接回并拧紧。

⑥做好检测数据记录,将其填在表 2-17 中。

密封性检测实验记录表

表 2-17

	1 缸	2 缸	3 缸	4 缸	5 缸	6 缸
检测结果						
结论						

(2)检测启动供油量。

①调整“调压阀”旋钮,使低压压力表显示的压力值为 0.15 MPa。

②设定供油次数为 200 次。

③调整主轴转速为 150 r/min。

④调速手柄拨到最大供油位置,按控制器操作面板上的“油泵”键。

⑤当各喷油器喷油正常时,按控制器操作面板上的“计数”键。

⑥计数结束后,调整主轴转速为零,再按控制器操作面板上的“停止”键,然后观察各量筒里的喷油量。

⑦做好检测数据记录,将其填在表 2-18 中。

启动供油量实验记录表

表 2-18

	1 缸	2 缸	3 缸	4 缸	5 缸	6 缸
检测结果(mL)						
均匀度(%)						
结论						

若检测值不符合规定时,调整柱塞控制套筒,应松开扇齿夹紧螺钉,用适当大小的螺丝刀和小锤转动油量控制套筒,向左转会使油量增加,反之减少。调整位置见图 2-22。

图 2-22　调整柱塞控制套筒位置

(3)检测怠速供油量。

①调整"调压阀"旋钮,使低压压力表显示的压力值为 0.15 MPa。

②设定供油次数为 200 次。

③调整主轴转速为 275 r/min。

④调速手柄拨到最小供油位置,按控制器操作面板上的"油泵"键。

⑤当各喷油器喷油正常时,按控制器操作面板上的"计数"键。

⑥计数结束后,调整主轴转速为零,再按控制器操作面板上的"停止"键,然后观察各量筒里的喷油量。

⑦做好检测数据记录,将其填在表 2-19 中。

怠速供油量实验记录表　　表 2-19

	1 缸	2 缸	3 缸	4 缸	5 缸	6 缸
检测结果(mL)						
均匀度(%)						
结论						

若检测值不符合规定时,应进行调整,其调整方法与起动供油量的调试相同。

(4)检测中速供油量。

①调整"调压阀"旋钮,使低压压力表显示的压力值为 0.15 MPa。

②设定供油次数为 200 次。

③调整主轴转速为 750 r/min。

④调速手柄拨到最大供油位置,按控制器操作面板上的"油泵"键。

⑤当各喷油器喷油正常时,按控制器操作面板上的"计数"键。

⑥计数结束后,调整主轴转速为零,再按控制器操作面板上的"停止"键,然后观察各量筒里的喷油量。

⑦做好检测数据记录,将其填在表 2-20 中。

中速供油量实验记录表　　表 2-20

	1 缸	2 缸	3 缸	4 缸	5 缸	6 缸
检测结果(mL)						
均匀度(%)						
结论						

若检测值不符合规定时，应进行调整，其调整方法与起动供油量的调试相同。

(5)检测高速供油量。

①调整"调压阀"旋钮，使低压压力表显示的压力值为0.15 MPa。

②设定供油次数为200次。

③调整主轴转速为1100r/min。

④调速手柄拨到最大供油位置，按控制器操作面板上的"油泵"键。

⑤当各喷油器喷油正常时，按控制器操作面板上的"计数"键。

⑥计数结束后，调整主轴转速为零，再按控制器操作面板上的"停止"键，然后观察各量筒里的喷油量。

⑦做好检测数据记录，将其填在表2-21中。

高速供油量实验记录表　　表2-21

	1缸	2缸	3缸	4缸	5缸	6缸
检测结果(mL)						
均匀度(%)						
结论						

若检测值不符合规定时，应进行调整，其调整方法与起动供油量的调试相同。

(6)检测断油。

①调整"调压阀"旋钮，使低压压力表显示的压力值为0.15 MPa。

②设定供油次数为200次。

③调整主轴转速为1650r/min。

④调速手柄拨到最大供油位置，按控制器操作面板上的"油泵"键。

⑤当各喷油器喷油正常时，按控制器操作面板上的"计数"键。

⑥计数结束后，调整主轴转速为零，再按控制器操作面板上的"停止"键，然后观察各量筒里的喷油量。

⑦做好检测数据记录，将其填在表2-22中。

断油实验记录表　　表2-22

	1缸	2缸	3缸	4缸	5缸	6缸
检测结果(mL)						
结论						

(7)检测零油位。

①调整"调压阀"旋钮，使低压压力表显示的压力值为0.15 MPa。

②设定供油次数为200次。

③调整主轴转速为300～1650 r/min。

④调速手柄拨到最大供油位置，按控制器操作面板上的"油泵"键。

⑤拉停机手柄至零位，按控制器操作面板上的"计数"键。

⑥计数结束后，调整主轴转速为零，再按控制器操作面板上的"停止"键，然后观察各量筒里的喷油量。

⑦做好检测数据记录，将其填在表2-23中。

零油位实验记录表　　表 2-23

	1 缸	2 缸	3 缸	4 缸	5 缸	6 缸
检测结果(mL)						
结论						

4. 安全注意事项

做实验时应注意安全,小心电击。爱护仪器设备。实验完毕后,切断电源,拆出连线,整理好设备仪器。

五、思考题

(1)被检测的喷油泵技术状况如何?如何调整各分泵使之供油量均匀?

(2)如果各分泵供油量不均匀,对发动机会有什么影响?

六、任务工单

任务二十四　喷油泵供油量的检测与调整工作页

专业______ 班级______ 姓名______ 学号________ 组成员________________ 日期______

<table>
<tr><td>学习情景</td><td colspan="4">总成部件检测</td><td>考核成绩</td><td></td></tr>
<tr><td>工作任务</td><td colspan="6">(1)知识目标:了解喷油泵的故障现象及原因;掌握喷油泵供油量参数的计算方法。
(2)技能目标:掌握喷油泵供油量的调整方法及步骤</td></tr>
<tr><td>工具准备</td><td colspan="6">(1)12PSDB 型喷油泵试验台。
(2)A 型柱塞喷油泵(6 缸,喷油顺序为 1-5-3-6-2-4)</td></tr>
<tr><td>资料收集</td><td colspan="6"></td></tr>
<tr><td>技术方案</td><td colspan="6">(小组讨论检测流程,并简要说明)
(内容多可写背纸或附纸填写)</td></tr>
<tr><td rowspan="2">工作安排</td><td>工作项目</td><td>组织实施及安全负责人</td><td>资料收集与记录员</td><td>检测设备负责人</td><td>被测设备负责人</td><td>检测场地负责人</td></tr>
<tr><td>组员分工</td><td></td><td></td><td></td><td></td><td></td></tr>
<tr><td>实施步骤</td><td colspan="6">(内容多可写背纸或附纸填写)</td></tr>
<tr><td>资料记录</td><td colspan="6">(内容多可写背纸或附纸填写)</td></tr>
<tr><td>小组实训总结</td><td colspan="6">(内容多可写背纸或附纸填写)</td></tr>
</table>

实训指导教师____________ 日期____________

任务二十五 柴油机喷油器检测

一、学习目标

知识目标	技能目标
1. 掌握柴油机喷油器的技术标准; 2. 掌握柴油机喷油器故障的原因	独立规范完成柴油机喷油器的清洗与调整

二、主要仪器设备的型号和规格

(1)柴油机喷油器。

(2)ZJ-100A 柴油喷油器检测仪。

(3)常用工具。

三、检测工作原理

柴油机喷油器在使用过程中,由于其工作环境恶劣,常常容易造成喷油压力改变、喷嘴积炭、泄漏或堵塞等故障,使发动机不能正常运转。因而要经常对喷油器进行检修,使其恢复原有工作性能。

常见检修的方法是:分解喷油器→清洗、检查各零部件→组装喷油器→喷油器的压力试验→喷油器的密封性试验→雾化质量试验。

喷油器开启喷油压力的调整常有螺钉调整法和更换调整垫片法两种。

四、试验方法、步骤及工作内容

(1)分解喷油器。

①在盛有柴油的盆中将喷油器清洗干净。

②将喷油器夹持在台虎钳上,钳口垫铜皮或铝片。

③旋下针阀偶件的压紧护帽,拆下针阀偶件。

④分解针阀偶件。

⑤拆下调压螺钉、螺母、调压弹簧、弹簧座和顶杆。

⑥零件按顺序摆放,偶件成对摆放,保护好配合表面。

(2)清洗、检查各零部件。

①在盛有柴油的盆中清洗零件,用软质刮刀清除积炭。

②用 $\phi1.7$mm 的铜丝清理阀体油路。

③用 $\phi0.35$mm 的铜丝清理喷油孔。

④直观检查,针阀及阀体表面不得有明显擦伤、划痕、锈迹及裂纹,喷孔无烧蚀。

⑤针阀偶件呈 45°放置,将针阀从阀体中抽出 1/3 左右,转至任意位置松手后,能自由下滑到底。

⑥弹簧无裂纹,弹力符合要求。

(3)组装喷油器。

①用台虎钳夹持喷油器,装入顶杆、弹簧下座、调压弹簧及上座,旋入调压螺钉和锁紧螺母。

②倒转夹持喷油器体,洗净下端面。将针阀偶件对准定位销孔,放在喷油器体平面上,使针阀尾部准确装入顶杆孔中,装上油嘴压紧护帽并拧紧。

③装上油管接头和螺母等其他零件。

(4)喷油器的压力试验。

①将喷油器安装到柴油喷油器检测仪上,见图2-23。

②用手握住手柄泵油,升油压至喷油器开始喷油,记录此时的喷油压力。

③喷油器开启喷油压力为(19±0.49)MPa。

④不符合标准值应调整调压螺钉(或更换压力调整垫片),使喷油压力达到规定值。

⑤试验喷油器压力时,应将其表面清洁,清除喷嘴积炭。确保喷油器连接可靠,无飞溅、泄漏。

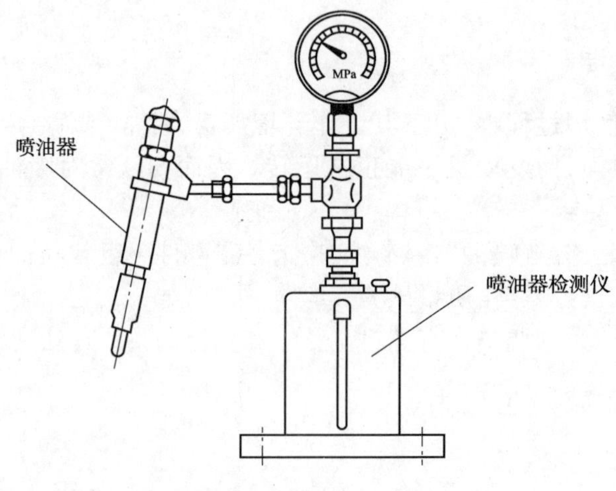

图2-23　喷油器的安装

(5)喷油器的密封性试验。

①将喷油器安装到喷油器试验台上。

②用手泵油,将油压升至15.7MPa,再以10次/min的速度均匀地按动手泵,直至开始喷油。此时喷油嘴处不得有渗漏、滴油现象,若有即为密封性不好。

③调整调压螺钉,用手泵油,将油压升至22.54~24.50MPa,喷油后停止泵油,记录油压。自19.6MPa降到17.6MPa的时间应不少于9s。

(6)雾化质量试验。

①以60~70次/min的速度按压手柄。

②喷油应呈雾状,无滴油、油流或浓淡不均等。喷雾锥角检查:在离开喷嘴头部100mm处放一张白纸,喷油一次,量取油雾直径D(单位:mm)用下式计算喷雾锥角,$\alpha=\arctan(D/200)$。

③注意防火,不能将手掌放在喷嘴下,以免高压油粒击伤皮肤。

(7)操作完毕后,整理现场工具、设备。

五、思考题

喷油器的针阀体偶件为何只能成对装配使用？

六、任务工单

任务二十五　柴油机喷油器检测工作页

专业______ 班级______ 姓名______ 学号________ 组成员________________ 日期______

学习情景	总成部件检测			考核成绩	
工作任务	（1）知识目标：掌握柴油机喷油器的技术标准；掌握柴油机喷油器故障的原因。 （2）技能目标：独立完成柴油机喷油器的清洗与调整				
工具准备	（1）柴油机喷油器。 （2）ZJ-100A 柴油喷油器检测仪。 （3）常用工具				
资料收集					
技术方案	（小组讨论检测流程，并简要说明） （内容多可写背纸或附纸填写）				
工作安排	工作项目	组织实施及安全负责人	资料收集与记录员	检测设备负责人	被测设备负责人	检测场地负责人
	组员分工					
实施步骤	（内容多可写背纸或附纸填写）				
资料记录	（内容多可写背纸或附纸填写）				
小组实训总结	（内容多可写背纸或附纸填写）				

实训指导教师____________ 日期____________

任务二十六　车轮动平衡检测

一、学习目标

知识目标	技能目标
1. 掌握车轮产生动不平衡的原因； 2. 掌握车轮动不平衡对车辆行驶的影响	独立规范完成车轮动平衡检测及调整的操作

二、主要仪器设备的型号和规格

(1)卧龙 W-300 离车式车轮动平衡机。

(2)车轮。

(3)平衡块(5g、10g、15g、20g、25g、30g、35g、40g、45g)、常用拆装工具等。

三、检测工作原理

1. 车轮平衡量检测方法

车轮平衡量检测方法有离车式和就车式两种,离车式就是把车轮从车上拆下,安装到平衡机转轴上进行平衡状况检测。

2. 离车式车轮动平衡检测机结构及原理

检测机由驱动装置、转轴与支承装置、显示与控制装置、制动装置、机箱和车轮防护罩等组成。驱动装置包括有电动机和传动机构,以驱动转轴旋转。转轴由滚动轴承支承,被测车轮通过锥体与快速锁紧螺母固定在轴端。车轮旋转的振动量,经过“压力-电量”变换成为电信号,输入机箱内显示与控制装置。

3. 车轮动平衡检测必要性及评价指标

随着高等级公路的建设和汽车车速的提高,车轮不平衡质量将直接降低汽车动力性、制动性、操纵稳定性和行驶平稳性,加剧车轮总成各零件不均匀磨损,增加轮胎行驶噪声等,因此,高速汽车在使用和维修中必须进行车轮平衡量检测和校准。车轮不平衡质量用车轮质量分布不均匀的重径积来度量,单位用“g · mm”或“g · cm”表示。

四、试验方法、步骤及工作内容

1. 车轮动平衡机的操作

车轮动平衡机控制操作面板见图 2-24。

(1)不平衡值显示窗:显示被测车轮内、外侧的不平衡量的大小。

(2)不平衡位置显示窗:显示被测车轮内、外侧不平衡点的所在位置。

(3)平衡方式显示窗:显示被测车轮在轮辋上不平衡的配重位置方式,有“S”“1”“2”“3”四种方式。

(4)“START”键:启动车轮不平衡检测。

(5)“STOP”键:停止车轮不平衡检测。

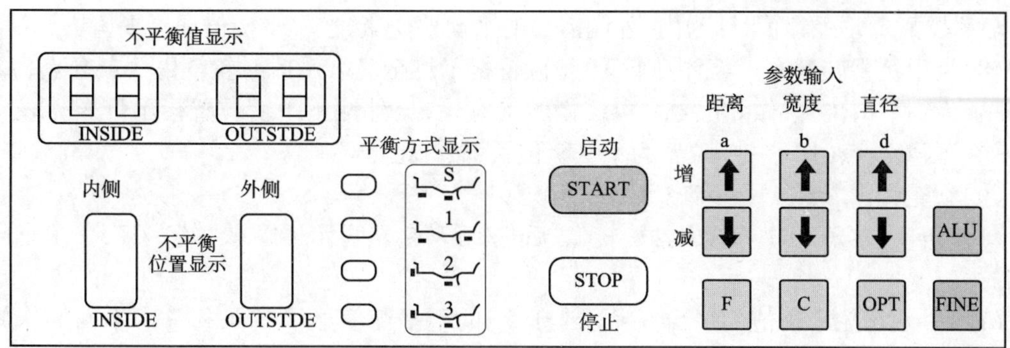

图 2-24 控制操作面板

(6)距离参数 a 输入:"↑"为增加键、"↓"为减小键。

(7)宽度参数 b 输入:"↑"为增加键、"↓"为减小键。

(8)直径参数 d 输入:"↑"为增加键、"↓"为减小键。

(9)"F"键:功能键;动态/静态选择。

(10)"C"键:重复运算键;自校准。

(11)"OPT"键:选择最佳化。

(12)"ALU"键:平衡方式选择功能键,可以选择"S""1""2""3"四种方式。

(13)"FINE"键:显示实际不平衡值(小于 5g 时)。

(14)"F" +"C"灯停止闪亮后,再按"START"键,进行自校准。

(15)"F" +"STOP":选择是否保护罩放下即启动。

(16)"F" +"↑a" +"↓a":不平衡克与盎司的转换。

(17)"F" +"↑b"或"↓b":轮辋宽度单位(毫米与英寸)的转换。选择英寸单位时,在关机后此设置不能保留。

(18)"F" +"↑d"或"↓d":轮辋直径单位(毫米与英寸)的转换。选择英寸单位时,在关机后此设置不能保留。

2. 车轮平衡操作

(1)清除被测车轮轮胎花纹内嵌入的泥土、石子等杂物,取下轮毂上的旧平衡块。

(2)检查轮胎气压,并达到技术要求规定。

(3)抬起车轮防护罩。

(4)视轮辋中心孔尺寸选择锥体,装上被测车轮,用开合螺母锁紧在转轴的轴端。

(5)用卡尺测量轮辋宽度 b、轮辋直径 d,用检测机上的测量尺测量轮辋边缘至机箱距离 a,见图 2-25。

(6) 接通检测机电源, 检测机自检结束后,将 a、b、d 参数输入到检测机的控制装置中。可通过"↑""↓"键来改变参数的大小。

(7) 按"START"键,主轴旋转,之后主轴停

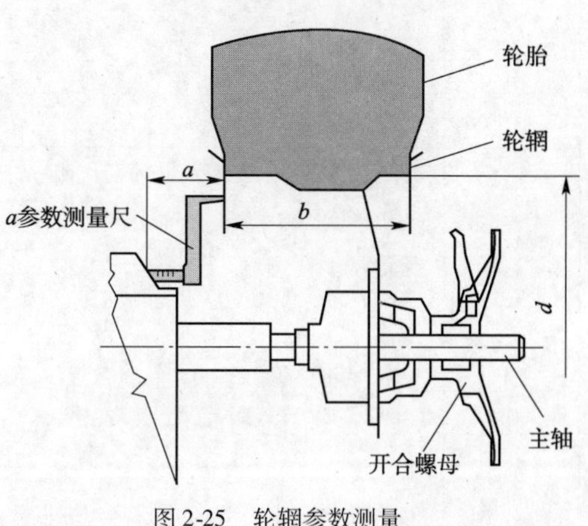

图 2-25 轮辋参数测量

转。显示器显示不平衡值,即为内、外侧需加的平衡块质量,按不平衡值选择平衡块。

(8)用手缓慢转动车轮,至内侧不平衡位置指示灯全亮表示此时轮辋内侧最高点(12 点钟)位置为不平衡位置,做好记号。再缓慢转动车轮,至外侧不平衡位置指示灯全亮表示此时轮辋外侧最高点(12 点钟)位置为不平衡位置,做好记号。

(9)在轮辋内、外侧不平衡位置加平衡块。

(10)再次按"START"键,主轴旋转,之后主轴停转,至显示器显示"0""0",表示车轮已平衡。

(11)一般车轮平衡值为每 5g 显示,小于 5g 的不平衡值显示"0",每一次平衡操作旋转完成后,按"FINE"键则显示实际不平衡值。

(12)试验完毕关闭电源。

五、思考题

(1)当车轮静平衡符合要求,能否说明车轮动平衡也就符合要求?为什么?

(2)产生车轮不平衡的原因是什么?

(3)车轮动不平衡时,对汽车行驶有什么影响?

六、任务工单

任务二十六　车轮动平衡检测工作页

专业______　班级______　姓名______　学号________　组成员________________　日期______

学习情景	总成部件检测	考核成绩	
工作任务	(1)知识目标:掌握车轮产生动不平衡的原因;掌握车轮动不平衡对车辆行驶的影响。 (2)技能目标:独立完成车轮动平衡检测及调整的操作		
工具准备	(1)卧龙 W-300 离车式车轮动平衡机。 (2)车轮。 (3)平衡块(5g、10g、15g、20g、25g、30g、35g、40g、45g)		
资料收集			
技术方案	(小组讨论检测流程,并简要说明) (内容多可写背纸或附纸填写)		

续上表

工作安排	工作项目	组织实施及安全负责人	资料收集与记录员	检测设备负责人	被测设备负责人	检测场地负责人
	组员分工					
实施步骤	（内容多可写背纸或附纸填写）					
资料记录	（内容多可写背纸或附纸填写）					
小组实训总结	（内容多可写背纸或附纸填写）					

实训指导教师__________ 日期__________

任务二十七 氧传感器的检测

一、学习目标

知识目标	技能目标
1. 掌握氧传感器的类型及特性； 2. 了解氧传感器的结构	1. 独立完成氧传感器的检测操作； 2. 明确安全防护要求

二、主要仪器设备的型号和规格

（1）长安之星微型货车微型货车（德尔福电控系统）。

（2）三位半数字万用表。

（3）氧传感器、加热器（小电炉）。

三、检测工作原理

在使用三元催化转化器降低排放污染的发动机上，氧传感器是必不可少的。三元催化转化器安装在排气管的中段，它能净化排气中 CO、HC 和 NO_x 三种主要的有害成分，但只在混合气的空燃比处于接近理论空燃比的一个窄小范围内，三元催化转化器才能有效地起到

净化作用。故在排气管中插入氧传感器，借检测废气中的氧浓度测定空燃比，并将其转换成电压信号或电阻信号，反馈给 ECU。ECU 控制空燃比收敛于理论值。

目前使用的氧传感器有氧化锆式和氧化钛式两种，其中应用最多的是氧化锆式氧传感器。氧化锆式氧传感器的基本元件是氧化锆陶瓷管（固体电解质）。锆管固定在带有安装螺纹的固定套中，内外表面均覆盖着一层多孔性的铂膜，其内表面与大气接触，外表面与废气接触。氧传感器的接线端有一个金属护套，其上开有一个用于锆管内腔与大气相通的孔；电线将锆管内表面铂极经绝缘套从此接线端引出。

氧化锆在温度超过 300℃后，才能进行正常工作。无加热器的氧传感器靠排气加热，这种传感器必须在发动机起动运转数分钟后才能开始工作。带加热器的氧传感器内有一个电加热元件，其可在发动机起动后的 20～30s 内迅速将氧传感器加热至工作温度，它有三根接线，一根接 ECU，另外两根分别搭铁和接电源。

锆管氧传感器产生的电压将在理论空燃比时发生突变：稀混合气时，输出电压几乎为零；浓混合气时，输出电压接近 1V。氧传感器的输出电压在 0.1～0.8V 间不断变化（通常每 10s 内变化 8 次以上）。如果氧传感器输出电压变化过缓（每 10s 少于 8 次）或电压保持不变（不论保持在高电位或低电位），则表明氧传感器有故障，需检修。

本任务以无加热器的氧传感器为检测对象。

四、试验方法、步骤及工作内容

1. 富氧（稀混合气）的检测

（1）将氧传感器从排气管拆出，并放入加热器（小电炉）中加热。

（2）用数字万用表测量氧传感器的两个电极的输出电压（电压值应小于 0.2V）。

2. 缺氧（浓混合气）的检测

（1）将氧传感器装入排气管中，但氧传感器插头不接入电控系统中。

（2）发动机起动运转数分钟后，用数字万用表测量氧传感器的两个电极的输出电压（电压值应大于 0.5V）。

3. 反馈电压（时域判定法）的检测

（1）将氧传感器装入排气管中，氧传感器插头接入电控系统中。

（2）发动机起动运转数分钟后，用数字万用表测量氧传感器的两个电极的输出电压，正常情况其应在 0.4～0.6V 之间不断变化（通常每 10s 内变化 8 次以上）。

4. 检测数据的记录（表 2-24）

氧传感器检测数据 表 2-24

	输出电压（V）	变化次数（次/10s）
富氧（稀混合气）的检测		
缺氧（浓混合气）的检测		
反馈电压（时域判定法）的检测		

5. 氧传感器中毒的检查（外观目测）

（1）顶端工作面呈棕色。这是由“铅中毒”引起的颜色，“铅中毒”会影响氧传感器反馈信息的灵敏度甚至失效。

(2)顶端工作面呈白色。这是由于在维修发动机时使用了硅密封胶、硅密封圈等引起的“硅中毒”,将会影响氧传感器反馈信息的灵敏度,甚至失效。

(3)顶端工作面呈黑色。这是由积炭引起的颜色,当积炭沉积过多时,会影响氧传感器反馈信息的灵敏度,甚至失效。

6. 分析判断

(1)富氧(稀混合气)检测,输出电压值太大,说明氧化锆陶瓷管外侧污染严重。

(2)缺氧(浓混合气)检测,输出电压值太小,说明氧传感器失效。

(3)反馈电压(时域判定法)的检测,输出电压不在规定范围内不断变化,说明氧传感器失效或电控系统电路有故障。

7. 注意事项

(1)注意安全,实验操作过程中小心烫伤,做好实验环境的通风措施。

(2)ECU 对氧传感器“混合气过稀”信号的修正范围是有限的(标准系数为 1 ±20%),不能克服点火时刻偏晚带来的危害。因此,对“空燃比”的调整不能过分依赖氧传感器,还需要对相关的系统进行检查。

(3)由于氧传感器所形成的电动势的能量非常小,所以用普通的万用表是无法测定的,必须使用示波器或者高阻抗的数字式万用表才行。

(4)一部分车型的电控单元(ECU)在怠速状态下会忽略氧传感器的信号,只有在发动机转速达到 1800r/min 时 ECU 才对混合气进行闭环控制。因此,对这类汽车必须先将转速提高到 1800r/min,然后再对氧传感器进行检测。

(5)由于氧传感器始终处在高温废气之中,与其他传感器相比,它的故障率较高,使用寿命较短(普通型氧传感器的寿命为 5 万 ~8 万 km,加热型氧传感器的寿命大约 10 万 km)。氧传感器损坏后应当及时更换,而采取将氧传感器断路或者短路的办法是不可取的,因为这样会使其实行的是“开路控制”,对空燃比的调节不精确,会带来动力性、经济性和排气净化性的恶化。

(6)氧传感器柄部套下有通气孔,外界空气由此进入氧传感器的内腔,作为“参考气”,因此应该检查该通气孔是否畅通。一旦油污或者其他沉积物进入氧传感器内腔,或者堵塞了该通气孔,会使氧传感器的输出信号失真。

(7)不要在氧传感器的插头上涂抹制造厂未规定使用的溶剂、清净液、防黏剂、油性液体或者挥发性固体。

五、思考题

(1)为何在进行反馈电压(时域判定法)检测时,氧传感器的输出电压会在规定范围不断变化?

(2)为何氧传感器有一根导线、两根导线、三根导线的?

(3)氧传感器为何会“中毒”?

(4)如何保证三元催化转化器的转换效能?没有氧传感器行吗?

(5)氧传感器是内侧接废气,还是外侧接废气?

六、任务工单

任务二十七　氧传感器的检测工作页

专业______ 班级______ 姓名______ 学号______ 组成员______________ 日期______

<table>
<tr><td>学习情景</td><td colspan="4">总成部件检测</td><td>考核成绩</td><td></td></tr>
<tr><td>工作任务</td><td colspan="6">(1)知识目标:掌握氧传感器的类型及特性;了解氧传感器的结构。
(2)技能目标:独立完成氧传感器的检测操作;明确安全防护要求</td></tr>
<tr><td>工具准备</td><td colspan="6">(1)长安之星微型货车(德尔福电控系统)。
(2)三位半数字万用表。
(3)氧传感器、加热器(小电炉)</td></tr>
<tr><td>资料收集</td><td colspan="6"></td></tr>
<tr><td>技术方案</td><td colspan="6">(小组讨论检测流程,并简要说明)

(内容多可写背纸或附纸填写)</td></tr>
<tr><td rowspan="2">工作安排</td><td>工作项目</td><td>组织实施及安全负责人</td><td>资料收集与记录员</td><td>检测设备负责人</td><td>被测设备负责人</td><td>检测场地负责人</td></tr>
<tr><td>组员分工</td><td></td><td></td><td></td><td></td><td></td></tr>
<tr><td>实施步骤</td><td colspan="6">(内容多可写背纸或附纸填写)</td></tr>
<tr><td>资料记录</td><td colspan="6">(内容多可写背纸或附纸填写)</td></tr>
<tr><td>小组实训总结</td><td colspan="6">(内容多可写背纸或附纸填写)</td></tr>
</table>

实训指导教师__________ 日期__________

任务二十八　汽车空调制冷系统的检测

一、学习目标

知识目标	技能目标
1. 掌握汽车空调系统的组成； 2. 了解汽车空调系统常见故障现象及原因	1. 掌握汽车空调检测设备的使用方法； 2. 独立完成汽车空调系统检测、维护的操作，独立诊断并处理简单的空调故障

二、主要仪器设备的型号和规格

(1)汽车空调实验台(或其他带空调的汽车)。

(2)歧管压力表。

(3)温度计。

(4)制冷剂检漏仪。

(5)常用拆装工具等。

三、检测工作原理

1. 工作原理

汽车空调(图2-26)是利用制冷剂在压缩释放的瞬间，由于体积急剧膨胀而需要吸收大量热能的原理来制冷。汽车空调的压缩机往往安装在发动机上，并用皮带驱动，冷凝器安装在汽车散热器的前方，而蒸发器在车厢内，工作时从蒸发器出来的低压气态制冷剂流经压缩

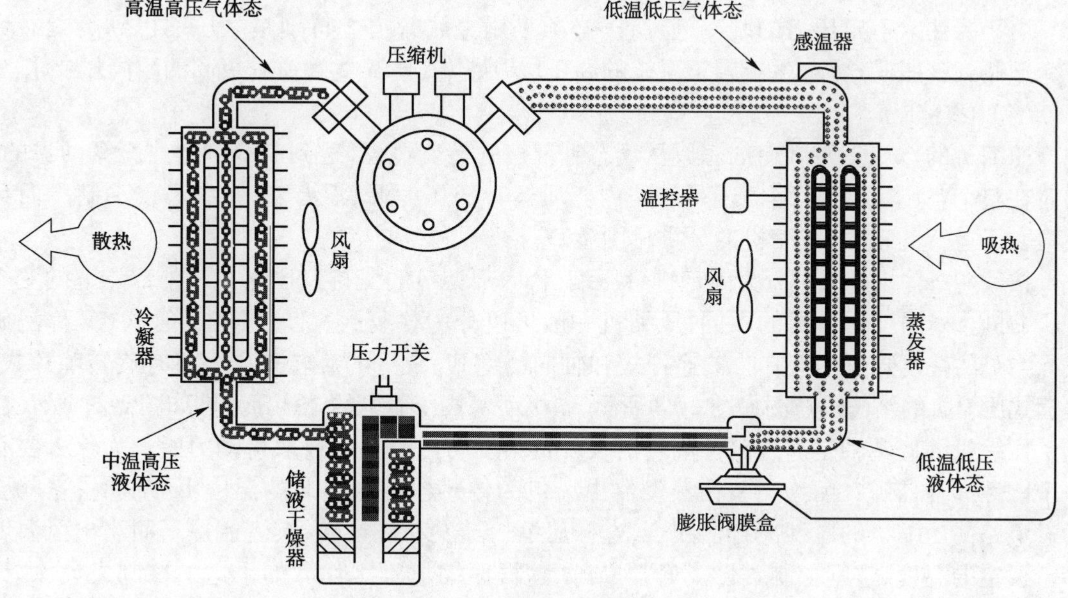

图2-26　空调制冷系统示意图

机变成高压高温气体，经过冷凝器散热管降温冷却变成高压低温的液体，再经过贮液干燥器除湿与缓冲，然后以较稳定的压力和流量流向膨胀阀，经节流和降压最后流向蒸发器。制冷剂一遇低压环境即会蒸发，吸收大量热能。驾驶室内的空气不断流经蒸发器，温度也就因此降低。液态制冷剂流经蒸发器后再次变成低压气体，又重新被吸入压缩机进行下一次的循环工作。在整个系统中，膨胀阀是控制制冷剂进入蒸发器的重要部件，制冷剂进入蒸发器太多就不易蒸发而太少冷气又会不够，因此膨胀阀是调节中枢。压缩机是制冷系统的心脏，是系统循环的动力源泉。

2. 汽车空调的组成

汽车空调一般主要由压缩机、电控离合器、冷凝器、蒸发器、膨胀阀、储液干燥器、管道、冷凝风扇、真空电磁阀、怠速器和控制系统等组成。汽车空调分高压管路和低压管路等。高压侧包括压缩机输出侧、高压管路、冷凝器、贮液干燥器和液体管路；低压侧包括蒸发器、积累器、回气管路、压缩机输入侧和压缩机机油池。

(1)储液干燥器。

实际上是一个贮存制冷剂及吸收制冷剂水分、杂质的装置。一方面，它相当于汽车的油箱，为泄漏制冷剂多出的空间补充制冷剂。另一方面，它又像空气滤清器那样，过滤掉制冷剂中掺杂的杂质。贮液干燥器中还装有一定的硅胶物质，起到吸收水分的作用。

(2)冷凝器和蒸发器。

冷凝器和蒸发器虽然叫法不一样，但结构类似。它们都是在一排弯绕的管道上布满散热用的金属薄片，以此实现外界空气与管道内物质的热交换的装置。冷凝器的冷凝指的是其管道内的制冷剂散热从气态凝成液态。其原理与发动机的散热器相近（区别只在于散热器的冷却液一直是液态而已），所以其经常被安装在车头，与散热器一起。蒸发器与冷凝器正好相反，它是制冷剂由液态变成气态（即蒸发）吸收热量的场所。

(3)管道。

由于要注入一定压力的制冷剂，所以必须采用金属管道。特别是从压缩机到冷凝器到制冷剂瓶到膨胀阀这段，由于属于系统的高压段，所以其比其他管道有更高的耐高压要求。

(4)压缩机。

压缩机的作用是使制冷剂完成从气态到液态的转变过程，达到制冷剂散热凝露的目的。同时在整个空调系统，压缩机还是管路内介质运转的压力源，没有它，系统不仅不制冷而且还失去了运行的动力，压缩机的分类见图 2-27。

按其能量输出方式可分为固定排量压缩机、内部调节的变排量压缩机和外部调节的变排量压缩机。根据工作方式的不同，压缩机一般可以分为往复式、旋转式和涡管式（又称涡旋式），常见的往复式压缩机有曲轴连杆式和轴向活塞式，常见的旋转式压缩机有旋转叶片式。涡管式压缩机的结构示意图如图 2-28 所示，斜板活塞式压缩机的结构示意图如图 2-29 所示。

压缩机的旋转轴是通过磁性离合器及皮带与发动机曲轴相连取得动力的。为什么要有一个磁性离合器呢？因为当装在蒸发器出风口的传感器感知出风的温度不够低时，它就会通过电路使压缩机的磁性离合器闭合，这样压缩机随发动机运转，实现制冷。而当出风温度低于设定的温度，它则控制磁性离合器断开，这样压缩机不工作。如果这一控制失灵，那么压缩机将不断工作，使蒸发器结冰造成管道压力超标，最终破坏系统甚至造成损坏。

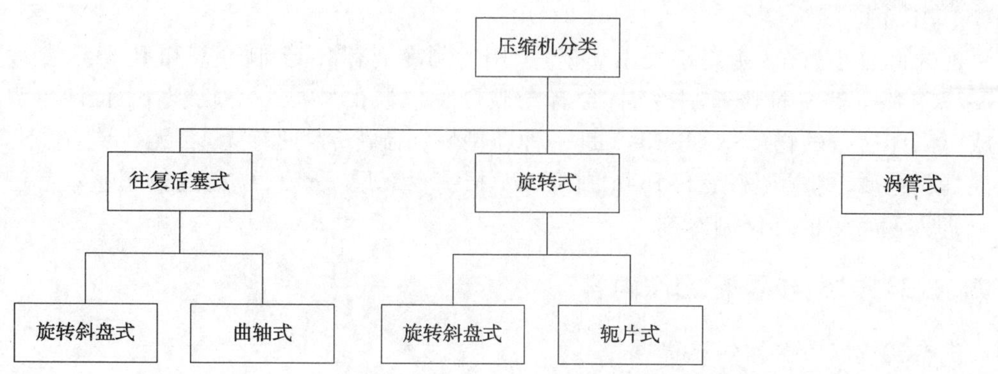

图 2-27　压缩机按设计结构分类

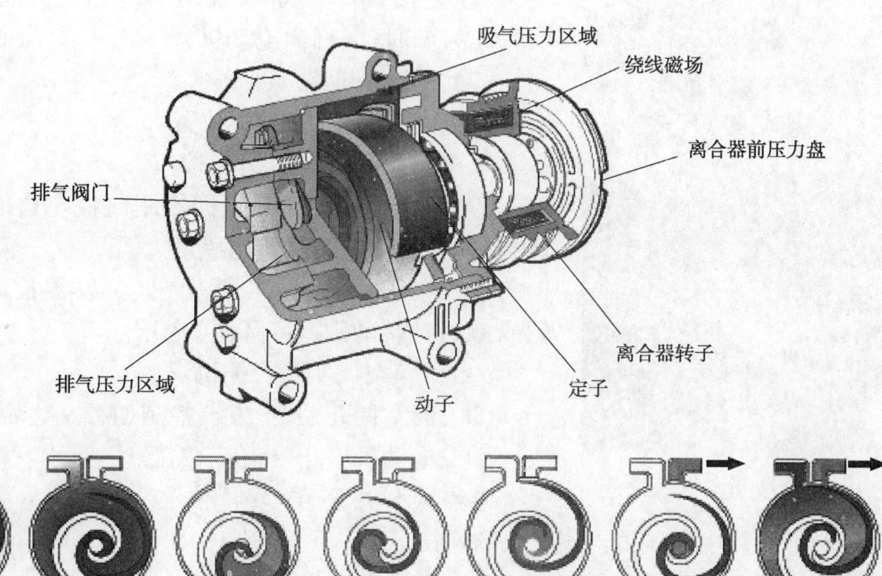

图 2-28　涡管式压缩机的结构示意图

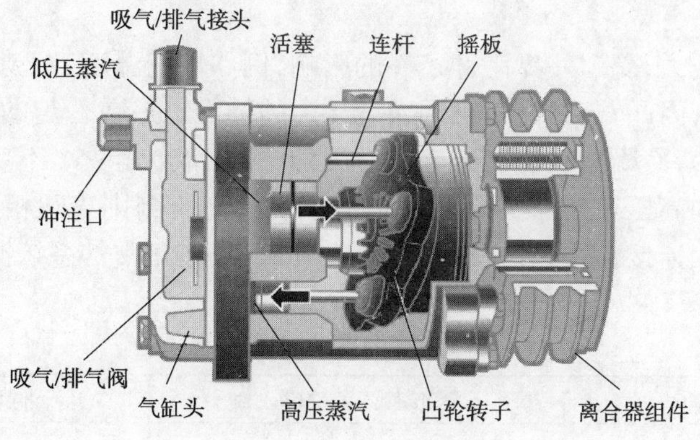

图 2-29　斜板活塞式压缩机的结构示意图

(5)制冷剂。

目前大部分小汽车(主要指民用小车)上用的制冷剂有 R-12 制冷剂和 R-134a 制冷剂两种。R-12 制冷剂是一种普通制冷剂,含有会破坏臭氧层的物质——氟利昂,而且在明火下会生成对人体有害的物质;而 R-134a 是一种新型环保制冷剂,具有无毒、无色、不燃不爆、热稳定性好等性质,更重要的是 R-134a 制冷剂不损害臭氧层,所以,现在的新车基本都已使用 R134a,即人们常说的环保制冷剂。

四、试验方法、步骤及工作内容

1. 汽车空调实验台操作规程

(1)汽车空调实验台放置应平稳且在通风的地方。汽车空调实验台见图 2-30。

图 2-30　汽车空调实验台

(2)连接 380V 三相交流电源时,应首先验证电动机旋转方向为顺时针(面向电动机)。

(3)汽车空调实验台开机。

①点火开关置于"ON"位置。

②按电动机"绿色"启动按钮。

③接通空调开关(蒸发器控制面板左边旋钮),并选择适当的送风量,顺时针转送风量大。

④根据需要调整温控器旋钮(蒸发器控制面板右边旋钮),顺时针转动则温度降低(冷)。

(4)汽车空调实验台关机。

①关断空调开关(蒸发器控制面板左边旋钮)。

②按电动机停止"红色"按钮。

③点火开关置于"OFF"位置。

(5)制冷系统内部压力检测接头的连接。

①压缩机上部左接头为高压端(红),右接头为低压端(蓝)。

②必须在汽车空调实验台关机的状态下,才能将歧管压力计的红、蓝管接头分别与压缩机上部左、右接头相连接。

2. 压力的检测

汽车空调系统压力,受到外界诸种条件的影响,例如环境温度、发动机转速、冷凝器的冷却条件、制冷剂量等,因此,检测汽车空调系统压力的标准也是在一定的环境温度下、压缩机转速在一定的范围内、冷凝器冷却在一定条件下的标准,而不是一个不变的所谓标准。

将歧管压力表的高压表(红色)与汽车空调系统的高压侧排气阀相连接,低压表(蓝色)与系统低压排气阀相连接,压缩机转速为 1250r/min。工作正常的系统测试压力的近似范围见表 2-25。

工作正常的系统测试压力　　表 2-25

环境温度(车外)(℃)	高压侧压力(MPa)	低压侧压力(MPa)
15.5	0.84 ~ 1.19	0.09 ~ 0.12
21.1	1.05 ~ 1.75	0.09 ~ 0.14

续上表

环境温度（车外）（℃）	高压侧压力（MPa）	低压侧压力（MPa）
26.6	1.26～1.93	0.09～0.14
32.2	1.40～2.18	0.12～0.21
37.7	1.61～2.30	0.15～0.24
43.3	1.89～2.53	0.19～0.26

（1）连接检测系统见图2-31。歧管压力表的低压胶管（蓝色）和高压胶管（红色）分别接通空调压缩机的低、高压管接口。

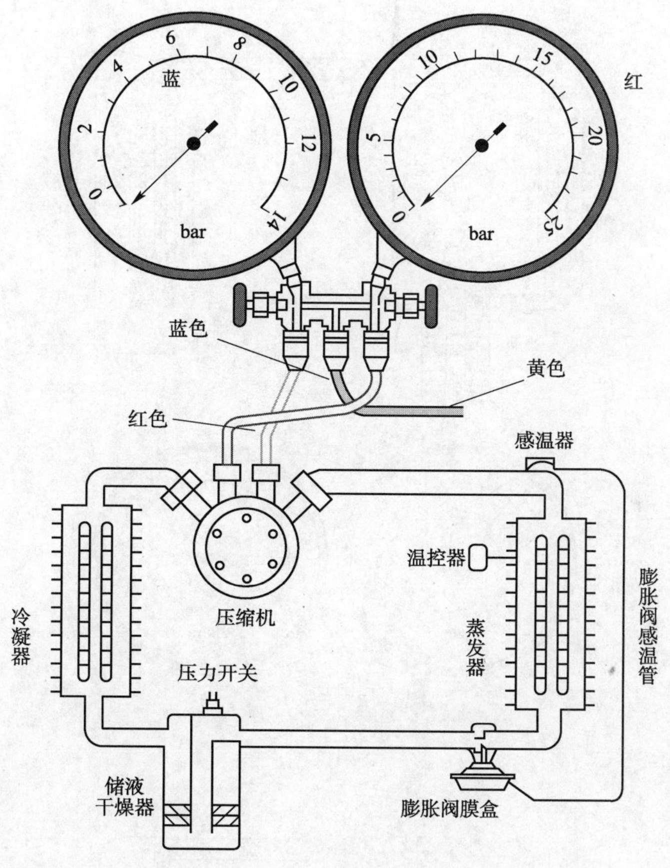

图2-31　连接检测系统

（2）进行检测和诊断。

①压缩机运行时，低压侧压力降至78.5kPa时压缩机停转，直到压力升高到205.9kPa时，压缩机又开始工作。

②高压侧压力表显示值为1.08～1.47MPa。

③系统内制冷剂的观察镜清晰、无气泡。

④放在蒸发器散热片上的温度计显示值为2～7℃；

⑤系统正常见图2-32，制冷剂多见图2-33，制冷剂少见图2-34。

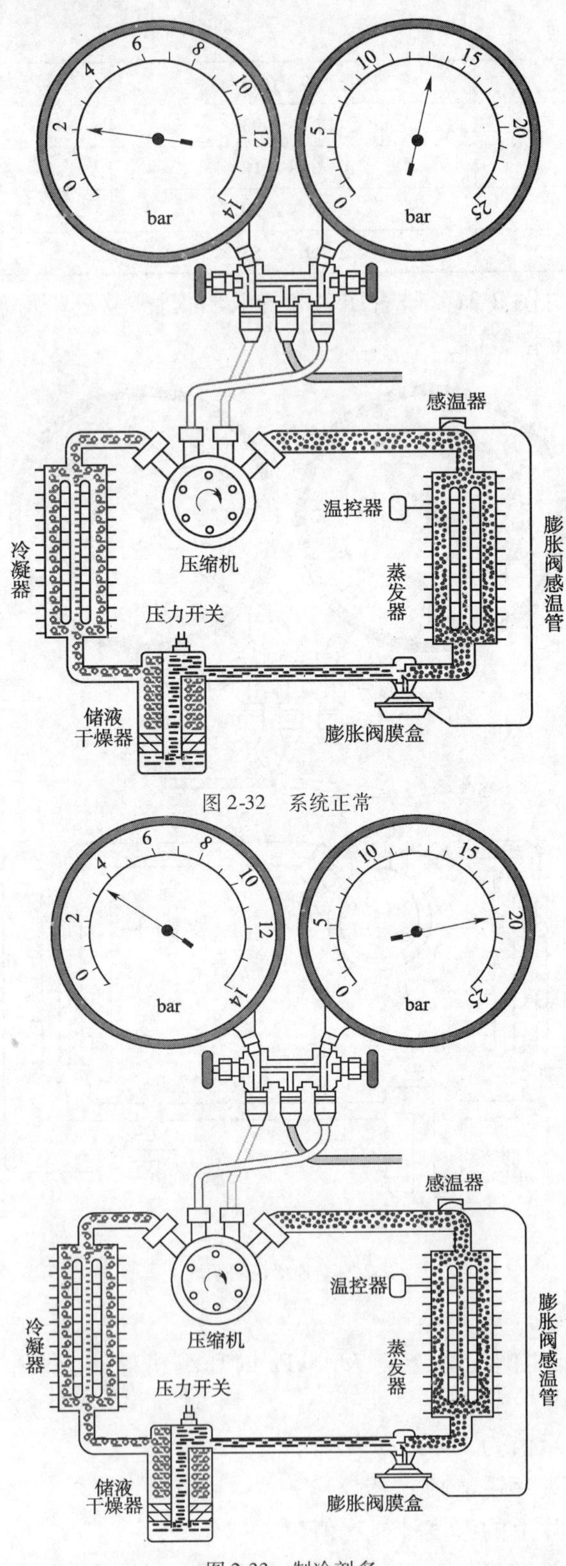

图 2-32　系统正常

图 2-33　制冷剂多

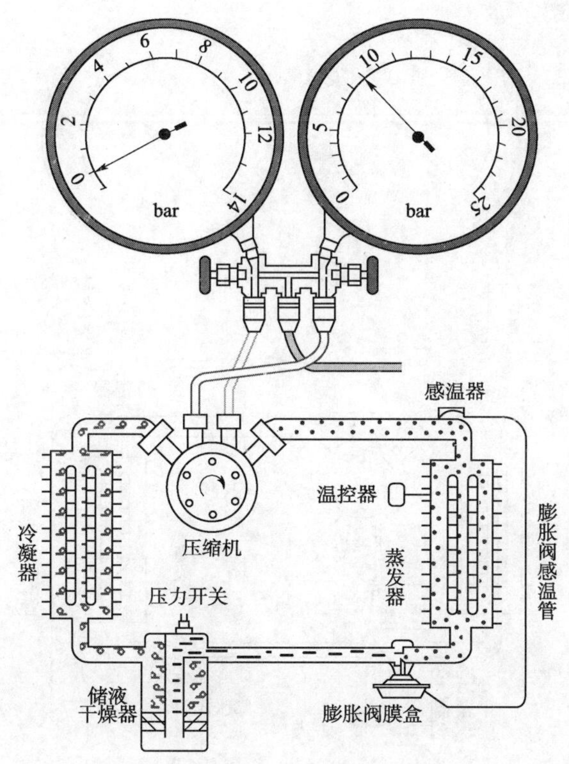

图 2-34　制冷剂少

(3)注意观察整个检测实验过程,并做好记录,操作完毕关机。

3. 制冷系统抽真空

(1)抽真空系统连接见图 2-35。将歧管压力表的中央胶管(黄色)接通真空抽气泵。

(2)启动真空泵,打开阀门对系统抽真空,当高低压力表指针均为负值时才可以进行检漏和测量。

(3)用真空表检漏及测量。抽空一段时间后关闭阀和真空泵,记下真空表指针的准确位置,如果制冷系统没有漏则指针将原位不动,如果指针回转表示系统有泄漏。

4. 制冷剂的添加

(1)将歧管压力表的低压胶管(蓝色)和高压胶管(红色)分别接通空调压缩机的低、高压管接口。

(2)将复合式压力表的中央胶管(黄色)接通真空抽气泵,打开低压阀,进行抽真空工作。

(3)当低压压力表的真空指针达到 0.1MPa 后,继续抽真空 20min,以保证空调系统绝对真空。

(4)关闭真空泵后保持 5min,观察低压表指针所指的真空度有否回落。若有回落,表明空调系统有泄漏,应予检查排除。

(5)确认无泄漏后,关闭低压阀门,使空调系统保持真空。

(6)卸下复合压力表的中央胶管与真空泵的接口,改为与制冷剂罐上的开罐阀接通,系统连接如图 2-36。

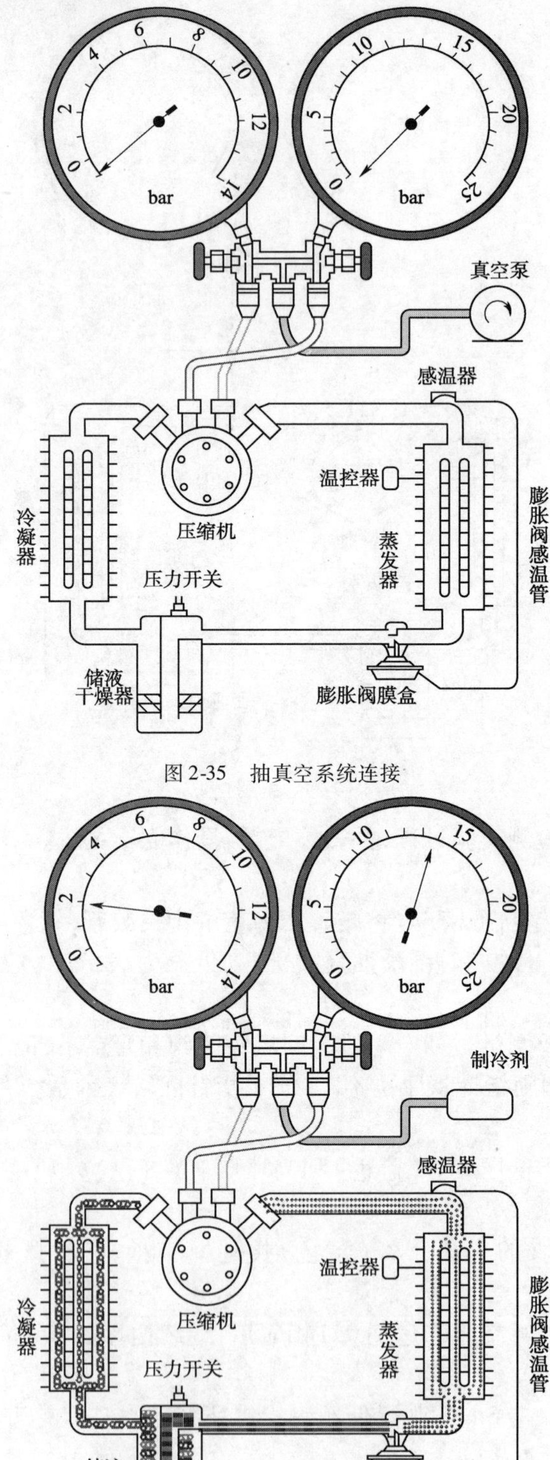

图 2-35　抽真空系统连接

图 2-36　制冷剂添加系统的连接

(7)拧开制冷剂罐,使制冷剂流入复合压力表,并将中央胶管与复合压力表的接头稍稍旋松,排除管内空气。

(8)打开空调,使空调系统进入运转。

(9)打开复合压力表的低压阀门,使制冷剂吸入空调系统。随着吸入空调系统的制冷剂逐渐增多,真空表指示的真空度也会逐渐回落。在灌注过程中,可摇动制冷剂罐加快灌注速度。

(10)当更换第二罐制冷剂时,应先关闭低压阀,待再次接通制冷剂罐后,再打开低压阀门。

(11)检查高低压力表值。在25℃时,若制冷剂是R12,高压表值应为1.3~1.4MPa、低压为0.16~0.20MPa,若制冷剂是R134a,高压表值应为1.3~1.6MPa、低压为0.18~0.25MPa,此时表示空调系统的制冷剂合适。

(12)制冷剂灌注结束后,拆卸复合压力表接头,在接口处涂些肥皂水,观察有否泄漏。

5. 空调系统的检漏

(1)目测检漏方法。发现系统某处有油迹时,此处可能为渗漏点。

(2)肥皂水检漏方法。在系统各部位涂上肥皂水,冒泡处即为渗漏点。

(3)压力表检漏方法。观察压力表压力降低的读数,以此判断系统的泄漏程度。

(4)制冷剂检漏仪检漏方法。当检测到泄漏气体时,“嘀嘀”声变急促,泄漏量越多,“嘀嘀”声越急促。同时泄漏指示灯亮,泄漏量越大,亮起灯数越多。

6. 空调控制电路连接与检测

空调控制电路(手动式)原理图见图2-37。

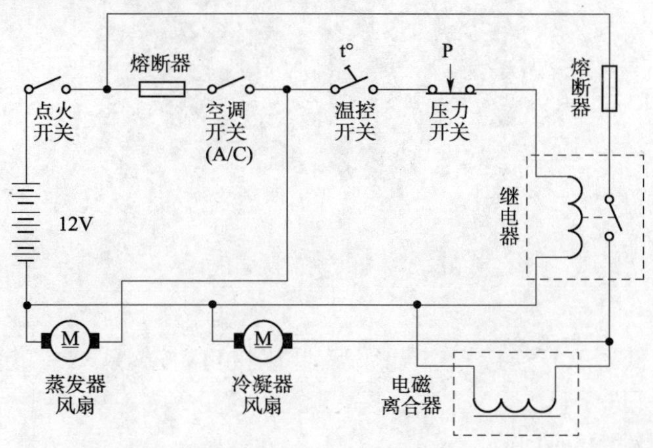

图2-37　空调控制电路(手动式)原理图

(1)按图2-37连接空调控制电路。

(2)闭合点火开关和空调开关,电磁离合器应能接合,以至压缩机能正常运转工作。

(3)断开空调开关,电磁离合器应能分离,以至压缩机能停止工作。

(4)当闭合点火开关和空调开关时,压缩机不能正常运转工作,用万用表依次序检查各点电压情况,在无电压处为故障大致部位。

(5)常见故障有:蓄电池/发电机故障导致电源电压低下;熔断器烧坏;线头松动导致的

接触不良;温度传感器失效导致温控开关不工作,制冷剂管道堵塞、进水等原因导致制冷剂管道压力异常使电磁继电器不工作。

7. 使用制冷剂回收充注机进行制冷剂的回收充注

制冷剂回收充注机外观结构见图 2-38。

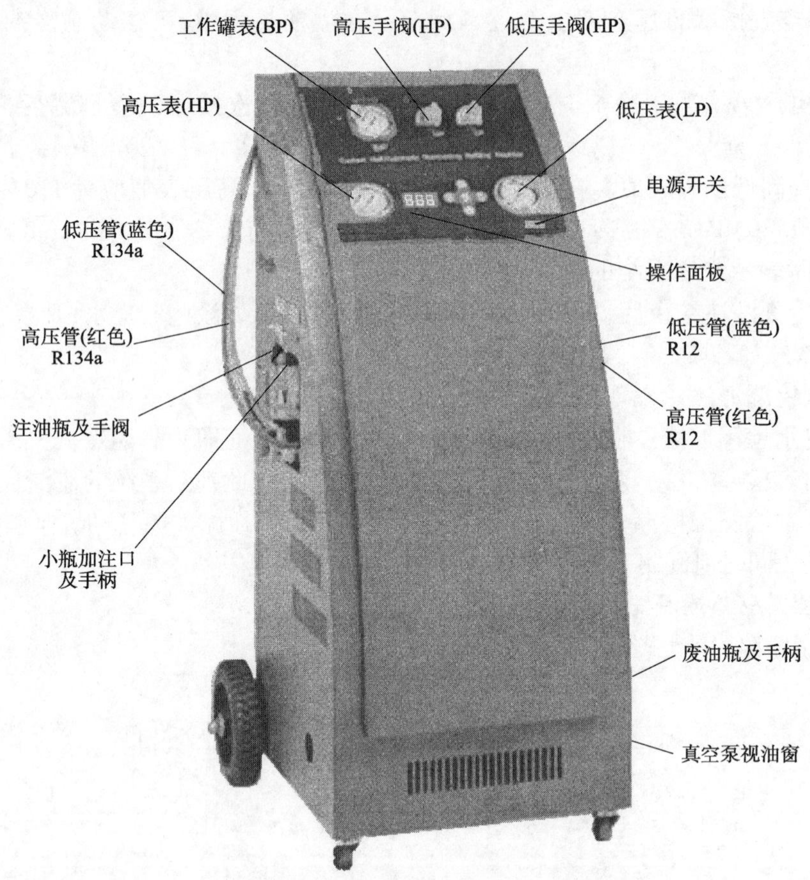

图 2-38 制冷剂回收充注机

(1)回收。

①将本机的高、低压软管连接好空调的高、低压接口,按"+""-"键,选择"回收"运行程序,打开高低压手阀。

②按下"启/停"键,开始回收。

③回收完毕后,设备会出现不同的报警声。

当达到设定值停机且高低压表压力 >1.724bar(即 0.1724MPa)时,设备此时出现频率比较快的"嘀"报警声,操作人员需继续进行回收操作。

当回收未达到设定值且高低压表压力之≤1.724bar(即 0.1724MPa)时,设备此时出现频率比较慢的"嘀"报警声。操作人员只需保持高低压手阀开启的情况下打开废油阀排放废油,油滴排完大约请要 150s,150s 后报警声停止,机器恢复原始画面,操作人员则需关闭废油手阀。(注意:请及时打开和关闭废油阀,以免降低抽真空速率,损坏真空泵;建议在回收前加大回收控制量的设定。)

(2)抽真空。

①将本机的高、低压油管分别与被检测空调高、低压接口连接好,按“ ı ”“ ”键,选择“抽真空”运行程序,打开高低压手阀。

②按下“启/停”键,“抽真空”开始工作。(注意:请在抽完真空后,打开注油阀给空调补充冷冻油,补油量可参照排出的废油量,加完后请及时关闭加油阀。)

(3)加注。

①将本机的高、低压油管分别与被检测空调高、低压接口连接好,按“+”“-”键,选择“加注”运行程序,打开高低压手阀。

②按下“启/停”键,“加注”开始工作。如在5min内没有把设定值加注完,本机会报警提示。请关闭高压手阀并开启被加注的空调继续加注,直到加完为止。

8.冷冻机油的选择

应用HFC如R134a类制冷剂时,所用润滑油为PAG或POE油脂类冷冻润滑油,其中POE类性能较好。选择润滑油时应考虑润滑油的低温性能、在40℃时的黏度等因素。

五、思考题

(1)通过对汽车空调系统压力的检测能否判断制冷系统是否工作正常,同时也能否根据现象判断出系统故障的大致原因和故障部位?

(2)如何诊断和排除空调开关打开后压缩机不运转的故障?

(3)在膨胀阀系统中,是充满状态的蒸发器所引起的后果更严重?还是饥饿状态(冷剂不足)的蒸发器所引起的后果更严重?

(4)当空调系统工作时和不工作时,注意观察储液干燥器的玻璃观察窗有何现象?

(5)对于分别采用R-12或R-134a制冷剂的汽车空调系统,在维修时,能互换使用吗?

六、任务工单

任务二十八　汽车空调制冷系统的检测工作页

专业______　班级______　姓名______　学号________　组成员______________　日期______

学习情景	总成部件检测	考核成绩	
工作任务	(1)知识目标:掌握汽车空调系统的组成;了解汽车空调系统常见故障现象及原因。 (2)技能目标:掌握汽车空调检测设备的使用方法;独立完成汽车空调系统检测、维护的操作;独立诊断并处理简单的空调故障		
工具准备	(1)汽车空调试验台。 (2)歧管压力表。 (3)温度计。 (4)制冷剂检漏仪。 (5)常用拆装工具等		
资料收集			

续上表

<table>
<tr><td>技术方案</td><td colspan="6">（小组讨论检测流程，并简要说明）

（内容多可写背纸或附纸填写）</td></tr>
<tr><td rowspan="2">工作安排</td><td>工作项目</td><td>组织实施及安全负责人</td><td>资料收集与记录员</td><td>检测设备负责人</td><td>被测设备负责人</td><td>检测场地负责人</td></tr>
<tr><td>组员分工</td><td></td><td></td><td></td><td></td><td></td></tr>
<tr><td>实施步骤</td><td colspan="6">
（内容多可写背纸或附纸填写）</td></tr>
<tr><td>资料记录</td><td colspan="6">
（内容多可写背纸或附纸填写）</td></tr>
<tr><td>小组实训总结</td><td colspan="6">
（内容多可写背纸或附纸填写）</td></tr>
</table>

实训指导教师__________ 日期__________

任务二十九　动态法测量发动机机油消耗

一、学习目标

知识目标	技能目标
熟悉发动机机油消耗的测量方法及影响测量精度的因素	1. 独立完成发动机机油消耗检测操作； 2. 掌握机油消耗量的计算方法

二、主要仪器设备的型号和规格

(1)LJ376QB 发动机。

(2)PUMA5 发动机动态测控试验台。

(3)AVL-2 动态油消耗测量仪。

三、检测工作原理

机油消耗量是发动机的一个重要技术指标。如何进行测量、如何提高测量精度及效率是待解决的一个问题。其测量方法通常有静态测量方法和动态测量方法两种。静态测量方法的特点为所需的试验设备系统简单,但精度不高且效率低,是一种较为传统测量方法,目前国内大多数内燃机行业还是采用此方法;动态测量方法是一种先进的测量方法,具有试验数据重复性好,测量精度高的特点,将代表今后内燃机行业进行发动机机油消耗测量的发展趋势。

1. 静态测量方法的工作原理

事先使发动机运行到热稳定状态[冷却液温度为(80 ±5)℃、机油温度为(85 ±5)℃],然后停机立刻将发动机的机油从油底壳放油孔全部放出。之后,向发动机加入一定质量的机油(在发动机规定的范围内),并使发动机在某一工况下(50% ~100% 额定转速功率)连续工作 8h,然后将发动机停下,把机油放出称重。将加入的机油质量减去放出的机油质量即可求得发动机的机油消耗量和机油消耗率。一般发动机机油消耗率在 0.2 ~1.0g/kW · h,发动机运行若干小时的机油消耗量在 10 ~100g (视发动机的运行功率及时间而定), 而加入发动机的机油质量在 2 ~10kg (视发动机的型号规格而定)。

由于发动机润滑油道各内腔形状复杂和机油的黏附残留作用、停机时机油温度控制、发动机停机状态位置的随意性等问题,很难保证把润滑油系统的机油全部放出,就会出现机油放“多”或放“少”的问题。常常出现放出的机油质量大于加入的机油质量,或放出的机油质量远远小于加入的机油质量,而造成试验的失败。因而得出的试验数据随机性大、重复性差,测量精度低。

2. 动态测量方法的工作原理

事先对发动机油底壳存油量进行标定,通过液面位置传感器测量液面的高度来表示油底壳存油量的多少。发动机在某一工况下运行到热稳定状态,由数据采集器定时(5 ~30s)采集液面位置传感器的信号送入计算机进行处理,就可对发动机油底壳存油量进行动态监测,通过屏幕显示的特性曲线就可看到发动机机油消耗的趋势,从而完成机油消耗量的动态测量。由于测量的整个过程是在发动机运行中进行,就不会出现因润滑油道各内腔形状复杂而残留机油的问题,也就不会存在机油放“多”或放“少”的问题。因而试验数据重复性好,测量精度高。

(1)测量原理。

测量原理是通过测量发动机油底壳内机油油面的高度,油面高度可以精确地加以测量。液面位置传感器是属电容式传感器,以被测对象机油作为电解质,通过对机油面电容量测量的原理。这个“电容器”是由安装在发动机侧并通过导管与油底壳连接的圆柱形传感器建立的。

如果传感器正确地安装,依据连通器在相同温度下压力相等的原理,油底壳和传感器将得到相同的油面高度。传感器上部也连接到曲轴箱,使得传感器和曲轴箱获得相同的压力。

由于机油油面取决于发动机的转速和负荷,因而,该测量方法仅仅适合在发动机某任何稳定工况下的机油消耗测量,即发动机在某一稳定的转速和负荷下,进行该工况的机油消耗测量。

油面测量的原理为:通过标定程序,可确定油面高度和机油质量之间的对应关系。从油底壳放出一定的机油量并称重,或加入到油底壳已称重的油量,这些重量变化时通过测定单元同时记录油面的变化,同时油底壳几何形状也被考虑了。测量原理结构见图 2-39。

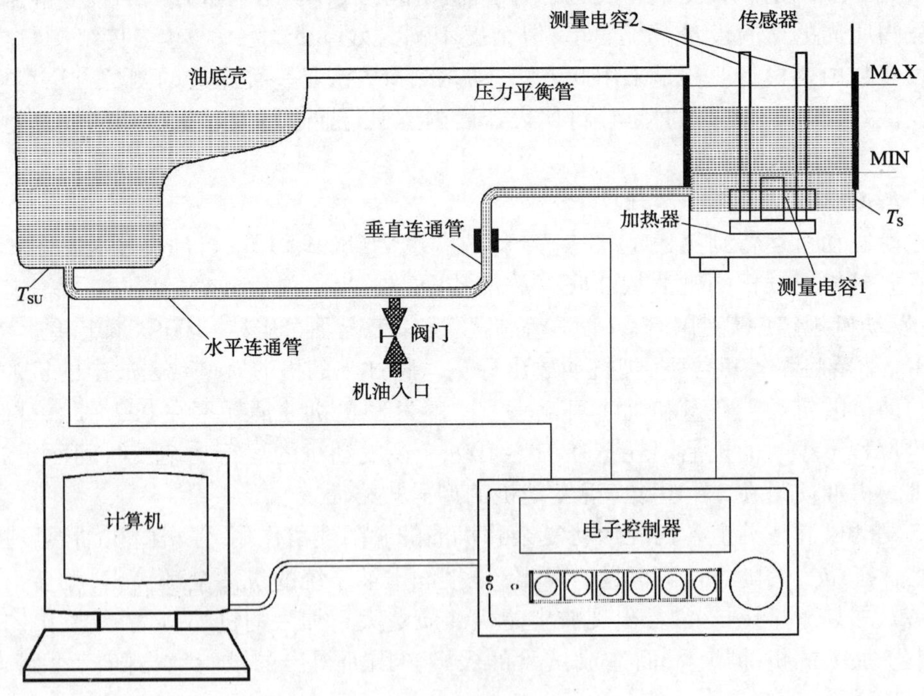

图 2-39　测量原理结构

(2)主要影响参数。

①机油介电常数 ε。

传感器(即测量室)内有两个测量电容器(图 2-40)。第一个电容器总是被机油所覆盖,因而被用来确定导电常数 ε。第二个电容器由测量电极组成，它根据油面高度来确定电容器的电容量大小，这个电容器用来测量油面。

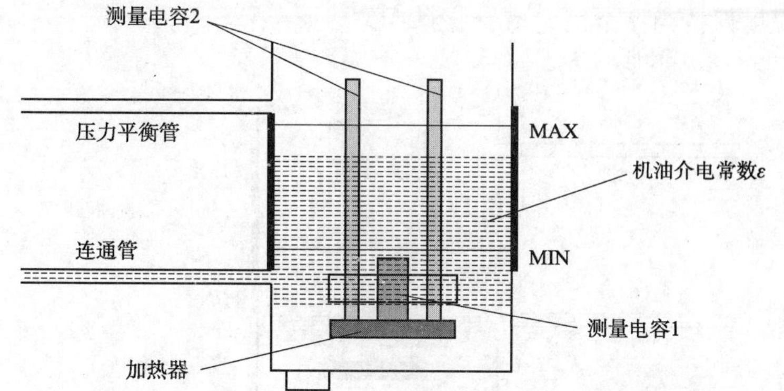

图 2-40　电容传感器原理结构

②油底壳温度和油底壳几何结构。

a. 平行油底壳壁。

在油底壳内温度引起的机油容积变化，不影响传感器中机油油面的变化，见图 2-41。

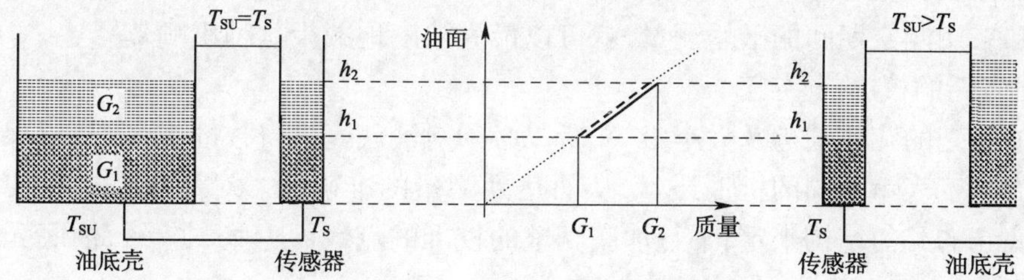

图 2-41　平行油底壳壁的分析

b. 非平行油底壳壁。

校准过程中，考虑了油底壳的几何结构（机油油面高度和机油质量之间的关系），见图 2-42。校准过程是在机油温度较低时进行的，所测得的结果随着机油温度升高，特性值将会产生偏移。因而一定要测量油底壳内机油的温度，并由电子控制器的测定单元做修正。

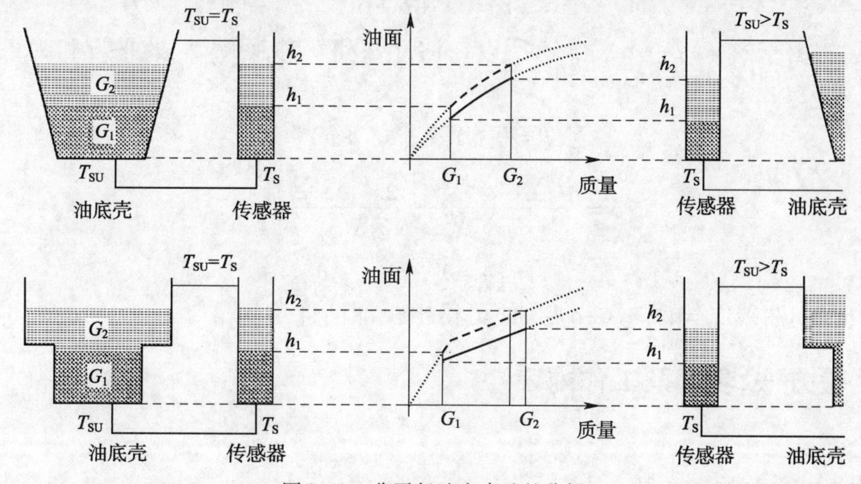

图 2-42　非平行油底壳壁的分析

③T_S传感器的测量室内的机油温度。

传感器的测量室内的机油温度变化会引起容积的变化（高度误差）以及 ε 的变化，因此，加热测量室的温度保持为一个恒定值，见图 2-43。

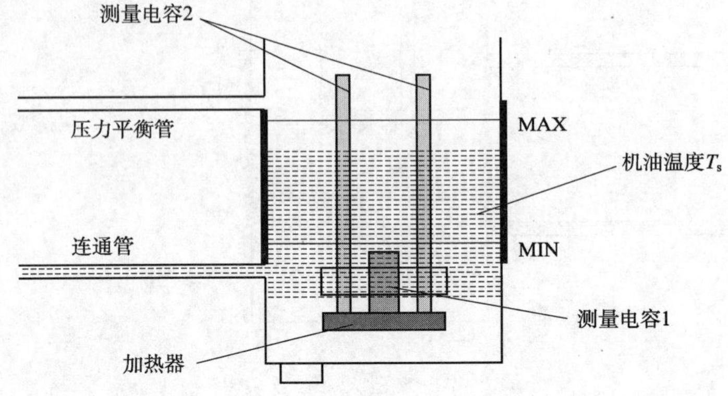

图 2-43　传感器的测量室内的机油温度

④发动机的工况及振动。

发动机振动和在传感器中所形成的机油波动等因素均影响测量结果，通过对测量室的结构设计和采用测定期间的平均测量，就可以最大限度地减少这种影响。

(3)油底壳的校准（标定）。

由于油底壳的几何结构及大小不等，所以必须对油底壳进行校准（标定），以保证传感器中不同油面高度表示不同的机油质量，从而达到测量的准确性。对油底壳进行校准的点数应根据油底壳的几何结构来定，平行油底壳壁的校准的点数可少些，非平行油底壳壁的校准的点数应多些。

(4)测量数据的处理。

对传感器的油面高度、传感器的油温、油底壳的油温进行定时采集。所得检测数据送入计算机中进行处理，按统计方法中的最小二乘法，将采集到的数据线性回归，求出回归曲线。

根据机油消耗试验数据的特征来看，可用一条直线方程来表示。

$$Y = aX + b + \delta$$

δ 为误差，由于 $\delta_i = Y_i - (aX + b)$，所以在估计 a 和 b 时，可令 δ_i 的平方和为最小而求得 a 和 b。

$$\sum \delta_i^2 = \sum_i \{Y_i - (aX + b)\}^2$$

$$a = \frac{n(\sum X_i, Y) - (\sum X_i)(\sum Y_i)}{n\sum X_i^2 - (\sum X_i)^2}$$

$$b = Y - aX$$

当求出回归曲线 $Y = aX + b + \delta$ 后，便可得出机油消耗量。

四、试验方法、步骤及工作内容

1. 试验条件

(1)发动机主要技术参数。

标定功率/转速	34kW/5500r/min	最大转矩/转速	75N·m/3200r/min
怠速	(900±50)r/min	油底壳机油质量	2400g

(2)测试要求。

①发动机工况:标定功率/转速的80%,转速波动值为±5r/min,冷却液温度为(80±5)℃,机油温度(油底壳)为(85±2)℃。

②传感器(测量室)机油温度为(60±0.5)℃,垂直连通管温度为(60±0.5)℃。

③发动机到达稳定工况30min后,可作为机油消耗测量的试验数据,采集试验数据周期为每15s一次,采集试验数据时间大于90min。

2. 油底壳标定

(1)油底壳加油到发动机工作要求的最高油面,调整传感器的高度使得"MAX"标记线高出发动机工作要求的最高油面。

(2)油底壳放油到发动机工作要求的最低油面或更低(低于机油尺下刻线10mm),但传感器的"MIN"标记线高出发动机工作要求的最低油面。称所放出的机油质量为1800g。

(3)以放出机油后油底壳此时的油面(以电压值表示)为零点,分18个点每次加油100g对油底壳标定,每个点标定间隔时间为5min。油底壳标定数据填入表2-26中。标定得的数据将送入计算机作非线性修正,作为测量机油消耗的依据。

油底壳标定 表2-26

序号	机油质量(g)	油面(mV)	序号	机油质量(g)	油面(mV)	序号	机油质量(g)	油面(mV)
1			7			13		
2			8			14		
3			9			15		
4			10			16		
5			11			17		
6			12			18		

3. 机油消耗测量

(1)热机。

①将电子测定单元及计算机通电热机,传感器的机油温度达到(60±0.5)℃。

②发动机热机,使冷却液温度、机油温度上升到工作温度[冷却液温度为(80±5)℃、油温为(85±5)℃]。

(2)工况运行。

发动机按(5500±5)r/min、功率为27.2kW(标定功率的80%)、机油温度为(85±2)℃、冷却液温度为(80±5)℃的工况运行120min。

(3)数据采集。

对机油油面(质量)、发动机机油温度、传感器的机油温度进行数据采集,数据采集周期为5s,数据送入计算机,直到测量结束。通过计算机屏幕可观察到整个机油油面(质量)在线的变化情况,特性曲线见图2-44。

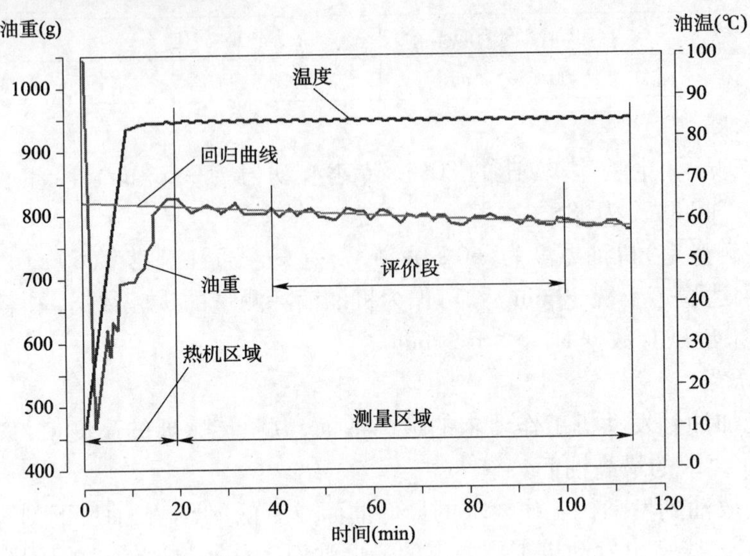

图2-44　机油消耗测量特性曲线

(4)数据处理。

对特性曲线图中正态稳定段的数据用最小二乘法来求出回归曲线,从而得出机油消耗量。由回归曲线(评价时间)的 t_1 时刻(第40min)至 t_2 时刻(第100min),机油量从 G_1 降到 G_2,即发动机在1h(单位时间)消耗的机油量为 G。

由下面公式计算可得消耗的机油G。

$$G=\frac{G_1-G_2}{t_1-t_2}\times\frac{1}{60}$$

由下面公式计算可得发动机的机油消耗率 g_e。

$$g_e=\frac{G}{P}$$

(5)操作完毕,切断电源,拆出连线,整理好设备仪器。

五、思考题

(1)用动态测量法进行机油消耗测量的工作原理及特点是什么?

(2)油底壳的标定应注意那些事项?

(3)发动机为何要进行预热后,才进行机油消耗测量?

六、任务工单

任务二十九　动态法测量发动机机油消耗工作页

专业______　班级______　姓名______　学号________　组成员________________　日期______

学习情景	总成部件检测	考核成绩	
工作任务	(1)知识目标:熟悉电控发动机故障诊断仪性能及使用注意事项。 (2)技能目标:正确操作发动机故障诊断仪及数据升级;独立运用发动机故障诊断仪解决简单故障		

续上表

<table>
<tr><td>工具准备</td><td colspan="6">（1）BTB50 奔腾发动机实训台。
（2）KT600 故障诊断仪。
（3）DY2401 数字万用表</td></tr>
<tr><td>资料收集</td><td colspan="6"></td></tr>
<tr><td>技术方案</td><td colspan="6">（小组讨论检测流程，并简要说明）

（内容多可写背纸或附纸填写）</td></tr>
<tr><td rowspan="2">工作安排</td><td>工作项目</td><td>组织实施及安全负责人</td><td>资料收集与记录员</td><td>检测设备负责人</td><td>被测设备负责人</td><td>检测场地负责人</td></tr>
<tr><td>组员分工</td><td></td><td></td><td></td><td></td><td></td></tr>
<tr><td>实施步骤</td><td colspan="6">（内容多可写背纸或附纸填写）</td></tr>
<tr><td>资料记录</td><td colspan="6">（内容多可写背纸或附纸填写）</td></tr>
<tr><td>小组实训总结</td><td colspan="6">（内容多可写背纸或附纸填写）</td></tr>
</table>

实训指导教师＿＿＿＿＿＿　日期＿＿＿＿＿＿

任务三十　绘制 JK306A 组合开关电气原理图

一、学习目标

知识目标	技能目标
熟悉组合开关电路原理及功能结构	1. 独立完成组合开关原理图转换成各挡位等效电路示意图的绘制； 2. 根据等效电路图分析故障点，排除故障

二、主要仪器设备的型号和规格

(1)数字万用表。

(2)JK306A 组合开关。

三、检测工作原理

该组合开关由灯开关、转向灯报警开关、刮水器洗涤器开关、喇叭开关、A 连接器(12针)、B 连接器(8 针)组成。通过使用万用表对组合开关进行检测其各引线(接头)的相互关系(通断情况),绘制出该开关的电气原理图。

四、试验方法、步骤及工作内容

(1)将万用表置于"—▶|—"挡(通断挡)。

(2)灯开关测量。

灯开关置于"OFF",测量各线头之间的通断关系。

①红表笔接 A 连接器 1 针,黑表笔依次接 A 连接器 2 ~ 12 针、B 连接器 1 ~ 8 针。

②红表笔接 A 连接器 2 针,黑表笔依次接 A 连接器 3 ~ 12 针、B 连接器 1 ~ 8 针。

③红表笔接 A 连接器 3 针,黑表笔依次接 A 连接器 4 ~ 12 针、B 连接器 1 ~ 8 针。

④红表笔接 A 连接器 4 针,黑表笔依次接 A 连接器 5 ~ 12 针、B 连接器 1 ~ 8 针。

⑤红表笔接 A 连接器 5 针,黑表笔依次接 A 连接器 6 ~ 12 针、B 连接器 1 ~ 8 针。

⑥红表笔接 A 连接器 6 针,黑表笔依次接 A 连接器 7 ~ 12 针、B 连接器 1 ~ 8 针。

⑦红表笔接 A 连接器 7 针,黑表笔依次接 A 连接器 8 ~ 12 针、B 连接器 1 ~ 8 针。

⑧红表笔接 A 连接器 8 针,黑表笔依次接 A 连接器 9 ~ 12 针、B 连接器 1 ~ 8 针。

⑨红表笔接 A 连接器 9 针,黑表笔依次接 A 连接器 10 ~ 12 针、B 连接器 1 ~ 8 针。

⑩红表笔接 A 连接器 12 针,黑表笔依次接 B 连接器 1 ~ 8 针。

⑪红表笔接 B 连接器 1 针,黑表笔依次接 B 连接器 3 ~ 8 针。

⑫红表笔接 B 连接器 3 针,黑表笔依次接 B 连接器 4 ~ 8 针。

⑬红表笔接 B 连接器 4 针,黑表笔依次接 B 连接器 5 ~ 8 针。

⑭红表笔接 B 连接器 5 针,黑表笔依次接 B 连接器 6 ~ 8 针。

⑮红表笔接 B 连接器 6 针,黑表笔依次接 B 连接器 7 ~ 8 针。

灯开关置于“小灯”，测量各线头之间的通断关系：红表笔、黑表笔的测量点与“OFF”挡的步骤一样。

灯开关置于“远光”，测量各线头之间的通断关系：红表笔、黑表笔的测量点与“OFF”挡的步骤一样。

灯开关置于“近光”，测量各线头之间的通断关系：红表笔、黑表笔的测量点与“OFF”挡的步骤一样。

灯开关置于“停车”，测量各线头之间的通断关系：红表笔、黑表笔的测量点与“OFF”挡的步骤一样。

灯开关置于“超车”，测量各线头之间的通断关系：红表笔、黑表笔的测量点与“OFF”挡的步骤一样。

灯开关各种位置时，各线头之间的通断关系表见表2-27。

灯开关线头之间的通断关系表　　表2-27

	A1	A2	A3	A4	A5	A6	A7	A8	A9	A10	A11	A12	B1	B3	B4	B5	B6	B7	B8
OFF																			
小灯																			
远光																			
近光																			
停车																			
超车																			

(3)转向灯报警开关测量。

转向灯报警开关置于“OFF”，测量各线头之间的通断关系：红表笔、黑表笔的测量点与灯开关“OFF”挡的步骤一样。

转向灯报警开关置于“左转”，测量各线头之间的通断关系：红表笔、黑表笔的测量点与灯开关“OFF”挡的步骤一样。

转向灯报警开关置于“右转”，测量各线头之间的通断关系：红表笔、黑表笔的测量点与灯开关“OFF”挡的步骤一样。

转向灯报警开关置于“报警”，测量各线头之间的通断关系：红表笔、黑表笔的测量点与灯开关“OFF”挡的步骤一样。

转向灯报警开关各种位置时，各线头之间的通断关系表见表2-28。

转向灯报警开关线头之间的通断关系表　　表2-28

	A1	A2	A3	A4	A5	A6	A7	A8	A9	A10	A11	A12	B1	B3	B4	B5	B6	B7	B8
OFF																			
左转																			
右转																			
报警																			

(4)刮水器洗涤器开关测量。

刮水器洗涤器开关置于“OFF”,测量各线头之间的通断关系:红表笔、黑表笔的测量点与灯开关“OFF”挡的步骤一样。

刮水器洗涤器开关置于“INT”,测量各线头之间的通断关系:红表笔、黑表笔的测量点与灯开关“OFF”挡的步骤一样。

刮水器洗涤器开关置于“慢”,测量各线头之间的通断关系:红表笔、黑表笔的测量点与灯开关“OFF”挡的步骤一样。

刮水器洗涤器开关置于“快”,测量各线头之间的通断关系:红表笔、黑表笔的测量点与灯开关“OFF”挡的步骤一样。

刮水器洗涤器开关置于“洗涤”,测量各线头之间的通断关系:红表笔、黑表笔的测量点与灯开关“OFF”挡的步骤一样。

刮水器洗涤器开关各种位置时,各线头之间的通断关系表见表2-29。

刮水器洗涤器开关线头之间的通断关系表 表2-29

	A1	A2	A3	A4	A5	A6	A7	A8	A9	A10	A11	A12	B1	B3	B4	B5	B6	B7	B8
OFF																			
INT																			
慢																			
快																			
洗涤																			

(5)喇叭开关测量。

喇叭开关置于“OFF”,测量各线头之间的通断关系:红表笔、黑表笔的测量点与灯开关“OFF”挡的步骤一样。

喇叭开关置于“ON”,测量各线头之间的通断关系:红表笔、黑表笔的测量点与灯开关“OFF”挡的步骤一样。

喇叭开关各种位置时,各线头之间的通断关系表见表2-30。

喇叭开关线头之间的通断关系表 表2-30

	A1	A2	A3	A4	A5	A6	A7	A8	A9	A10	A11	A12	B1	B3	B4	B5	B6	B7	B8
OFF																			
ON																			

(6)根据各开关测量各线头之间的通断关系做电气原理图,示例见图2-45。

(7)操作完毕,整理好设备仪器。

五、思考题

(1)能否用此方法检测像点火开关之类的电气设备的电气原理?

(2)对照组合开关电气原理图,能否对组合开关进行检测,并判断其好坏?

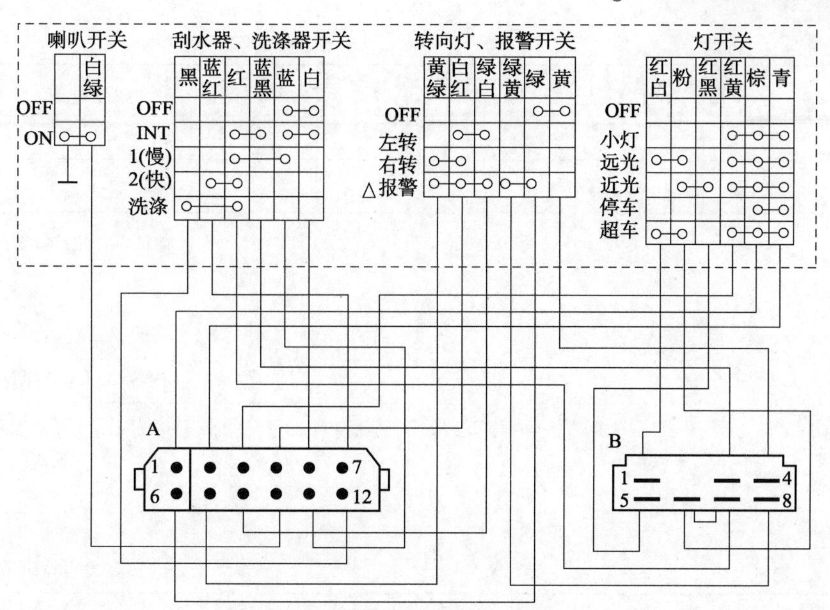

图 2-45　JK306A 组合开关电气原理图

六、任务工单

任务三十　绘制 JK306A 组合开关电气原理图工作页

专业______　班级______　姓名______　学号________　组成员________________　日期______

学习情景	总成部件检测	考核成绩	
工作任务	(1)知识目标:熟悉组合开关电路图。 (2)技能目标:独立完成组合开关原理图转换成各挡位等效电路示意图的绘制;根据等效电路图分析故障点,排除故障		
工具准备	(1)数字万用表。 (2)JK306A 组合开关		
资料收集			
技术方案	(小组讨论检测流程,并简要说明) (内容多可写背纸或附纸填写)		

续上表

<table>
<tr><td rowspan="2">工作安排</td><td>工作项目</td><td>组织实施及安全
负责人</td><td>资料收集
与记录员</td><td>检测设备
负责人</td><td>被测设备
负责人</td><td>检测场地
负责人</td></tr>
<tr><td>组员分工</td><td></td><td></td><td></td><td></td><td></td></tr>
<tr><td>实施步骤</td><td colspan="6">（内容多可写背纸或附纸填写）</td></tr>
<tr><td>绘制
电路图</td><td colspan="6">（内容多可写背纸或附纸填写）</td></tr>
<tr><td>小组实训
总结</td><td colspan="6">（内容多可写背纸或附纸填写）</td></tr>
</table>

实训指导教师____________　　日期____________

任务三十一　曲轴弯曲疲劳试验

一、学习目标

知识目标	技能目标
1. 熟悉曲轴弯曲疲劳试验的工作原理和特点； 2. 熟悉曲轴弯曲因疲劳损坏失效的因果关系	1. 独立完成曲轴弯曲疲劳试验的操作； 2. 掌握曲轴弯曲疲劳试验参数的选择和分析方法

二、主要仪器设备的型号和规格

（1）激振式弯曲疲劳试验机。

（2）4105 曲轴。

三、检测工作原理

曲轴是发动机重要的运动部件之一，它的设计好坏直接影响到发动机整机的质量。曲轴在运行中的疲劳损坏，其主要原因是弯曲疲劳所引起的。新设计的发动机和老产品的改进中，由于曲轴受力情况复杂及材料成分的影响，目前尚难准确地进行强度的计算，因此，对曲轴实体进行实际的疲劳试验是很有必要的。曲轴进行弯曲疲劳试验的方法很多,其中利用曲轴疲劳试验机测定曲轴弯曲疲劳强度是一种简便而有效的方法。

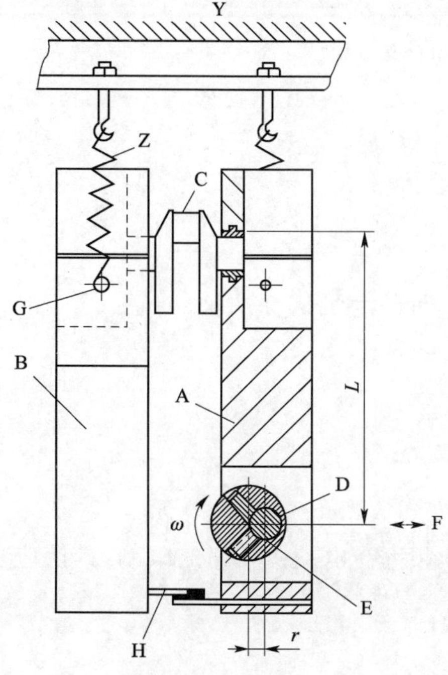

图 2-46 谐振系统的结构简图

目前较为流行的是立式机械加载对称循环弯曲疲劳试验机,其特点具有结构简单、消耗功率小、运转可靠、便于调整等优点。

图 2-46 是谐振系统的结构简图,A 为主动摆体,B 为被动摆体,C 为待试验的曲轴,D 为与直流电动机轴软连接的转轴,E 为偏心轮,G 为铰支点,H 为位移标记,Y 为支架,Z 为弹簧。在摆体 A、B 之间,牢固的夹紧着曲轴试件 C。摆体 A、B 的刚度足够大,可忽略摆体本身的变形。则摆体 A、B 和曲轴试件 C 形成一音叉系统,通过铰支点 G 和弹簧 Z 悬挂在支架 Y 上,主动摆体 A 上的偏心轮 E 在转轴 D 带动下旋转(直流电机带动 D)而产生激振力 F,则两摆臂 A、B 产生相对位移,使曲轴试件 C 受到弯曲变形,产生相应的弯曲应力。激振力 F 的大小可通过调整偏心轮 E 的偏心距或改变直流电动机的转速得到。曲轴试件 C 受到的弯曲力矩 M 可由位移标记 H 读出。曲轴在疲劳试验时,加于曲轴的试验弯矩,由主、从动两摆的相对位移幅值所决定的。相对位移幅值是主、从动两摆之和,见图 2-47。

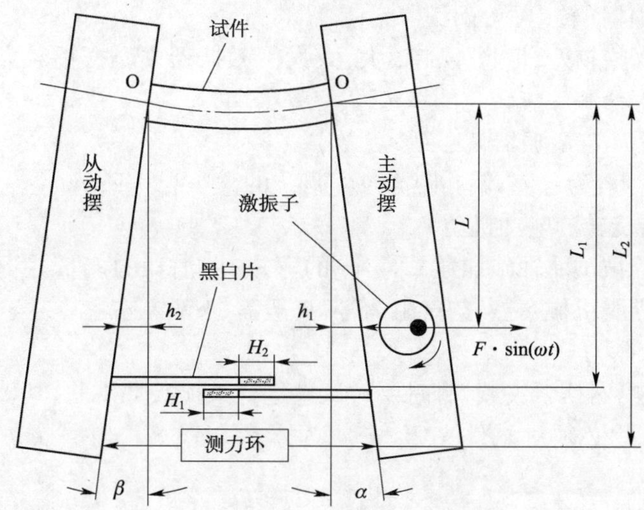

图 2-47 摆的运动规律分析

当旋转激振子产生激振力 $F \cdot \sin(\omega t)$,从而使主、从动两摆谐振动,其振幅角为 α、β(α、$\beta < 2°$)。主、从动两摆的相对位移幅值就为 $h_1 + h_2$。

$$F_{\max} = (h_1 + h_2) \times \mathrm{K}$$

式中:K——弹力系数(K 均由试件曲轴所决定)。

用测力环在标定点进行静态标定,f为测力环所施加的力,则有:

$$f \times L_2 = F_{max} \times L$$

$$H_1 \times L = h_1 \times L_1$$

$$H_2 \times L = h_2 \times L_1$$

$$f = (H_1 + H_2) \times K$$

试件曲轴的试验弯矩是已知的,设试验弯矩为M,则:

$$M = F_{max} \times L = f \times L_2$$

$$f = \frac{M}{L}$$

通过测力环施加大小为f的力,故只要测出H_1、H_2即可满足试件曲轴的试验弯矩的要求。

四、试验方法、步骤及工作内容

1.试验参数的选择

(1)共振频率和工作频率。

为了缩短试验时间,希望用较高的工作频率,但工作频率受电动机转速的限制,其值应低于共振频率。

(2)摆的转动惯量J。

因为$\omega_0 = \sqrt{2k/J}$,所以$J = 2k/\omega_0^2$。ω_0为共振转速,也就是电动机的额定转速,k为曲轴刚度,故J值可计算出。主动摆的运动惯量J_A与从动摆的运动惯量J_B相等。

(3)激振器至摆体回转中心的距离L。

L值一般取得大些较好,但也不能太大,太大了激振器中心摆幅较大,会影响激振器与电动机连接软轴的寿命和工作转速的稳定性。

(4)激振器质量m与激振器偏心距r。

激振器质量m一般为定值,偏心距r为可调,r的大小为0~30mm。

(5)驱动激振器旋转的电动机功率。

虽然疲劳机能给被试曲轴施加数kN·m的弯矩,但消耗的能量并不多,主要用来克服曲轴本身的阻尼和克服机械摩擦、空气阻力等,一般需1kW左右。

(6)试验曲轴夹紧力。

试验曲轴应与左、右摆臂夹紧,有时要对试件进行共振破坏试验,其破坏弯矩大约为4~5倍的工作弯矩,因此必须对试件夹牢,一般为六根M18×1.5螺栓夹紧,拧紧力矩约为20kN·m。

(7)试验件主要技术参数。

试件为同一生产厂家、型号、材料的球铁4105曲轴第四曲拐,其中试件1未经氮化处理,试件2经氮化处理。主轴颈:Φ75mm,连杆轴颈:Φ65mm,曲柄半径:60mm,单拐极限工作载荷(设计值)M_g:1330N·m。主轴颈中心至测力环距离L_2:545mm,测力环刚度K:1342N/mm,安全系数e,循环基数:5×10^6次,试验弯矩M_t:$M_t = M_g \times e$,测力环所施加的力f:$f = M_t/L_2$。

2. 静标（表 2-31、表 2-32）

试件 1 静标数据表　　表 2-31

试件 1	试验弯矩 M_t（N·m）	安全系数 e	测力环所施加的力 f（N）	黑白片位移 H_1+H_2（mm）
第一点	1596	1.20	2982	3.20
第二点	1662	1.25	3049	3.37
第三点	1729	1.30	3172	3.56
第四点	1795	1.35	3293	3.78

试件 2 静标数据表　　表 2-32

试件 2	试验弯矩 M_t（N·m）	安全系数 e	测力环所施加的力 f（N）	黑白片位移 H_1+H_2（mm）
第一点	1729	1.30	3172	3.41
第二点	1862	1.40	3416	3.75
第三点	1995	1.50	3660	4.10
第四点	2128	1.60	3904	4.48

3. 动标及试验（表 2-33、表 2-34）

试件 1 动标及试验数据表　　表 2-33

试件 1	试验弯矩 M_t（N·m）	电动机转速 n（r/min）	黑白片振幅（mm）		循环基数（次）	效果
			H1	H2		
第一点	1596	2004	0.38	2.82	5×10^6	
第二点	1662	2055	0.49	2.88	5×10^6	
第三点	1729	2110	0.55	3.01	5×10^6	
第四点	1795	2162	0.61	3.17	0.32×10^6	

试件 2 动标及试验数据表　　表 2-34

试件 2	试验弯矩 M_t（N·m）	电动机转速 n（r/min）	黑白片振幅（mm）		循环基数（次）	效果
			H1	H2		
第一点	1729	2110	0.39	3.02	5×10^6	
第二点	1862	2200	0.51	3.24	5×10^6	
第三点	1995	2300	0.70	3.40	5×10^6	
第四点	2128	2450	0.81	3.72	0.71×10^6	

五、思考题

（1）根据试验结果分析试件 1 和试件 2 的弯曲疲劳情况。

（2）如何提高零件的抗疲劳强度？

六、任务工单

任务三十一　曲轴弯曲疲劳试验

专业______ 班级______ 姓名______ 学号______ 组成员______________ 日期______

<table>
<tr><td>学习情景</td><td colspan="4">总成部件检测</td><td>考核成绩</td><td></td></tr>
<tr><td>工作任务</td><td colspan="6">(1)知识目标:熟悉曲轴弯曲疲劳试验的工作原理和特点。
(2)技能目标:独立完成曲轴弯曲疲劳试验的操作;掌握曲轴弯曲疲劳试验参数的选择和分析方法</td></tr>
<tr><td>工具准备</td><td colspan="6">(1)激振式弯曲疲劳试验机。
(2)4105 曲轴</td></tr>
<tr><td>资料收集</td><td colspan="6"></td></tr>
<tr><td>技术方案</td><td colspan="6">(小组讨论检测流程,并简要说明)
(内容多可写背纸或附纸填写)</td></tr>
<tr><td rowspan="2">工作安排</td><td>工作项目</td><td>组织实施及安全负责人</td><td>资料收集与记录员</td><td>检测设备负责人</td><td>被测设备负责人</td><td>检测场地负责人</td></tr>
<tr><td>组员分工</td><td></td><td></td><td></td><td></td><td></td></tr>
<tr><td>实施步骤</td><td colspan="6">(内容多可写背纸或附纸填写)</td></tr>
<tr><td>资料记录</td><td colspan="6">(内容多可写背纸或附纸填写)</td></tr>
<tr><td>小组实训总结</td><td colspan="6">(内容多可写背纸或附纸填写)</td></tr>
</table>

实训指导教师__________ 日期__________

参考文献

[1] 董继明.汽车检测与诊断技术[M].北京:机械工业出版社,2013.
[2] 鲁植雄.汽车运用工程[M].北京:机械工业出版社,2013.
[3] 曹永明.汽车空调构造与维修[M].北京:机械工业出版社,2013.
[4] 熊维平.动态法测量机油消耗[J].广西工学院学报,2002(1).
[5] 熊维平.曲轴弯曲疲劳试验的方法[J].装备制造技术,2003(4).
[6] 金德 K100A 发动机分析仪说明书.博世汽车检测设备(深圳)有限公司,2009.
[7] 米勒四轮定位仪使用说明书.深圳市米勒沙容达汽车科技有限公司,2009.
[8] KT600 综合智能诊断仪使用说明书.博世汽车检测设备(深圳)有限公司,2009.
[9] 喷油嘴自动检测试验台技术手册.珠海威镨汽车维修设备有限公司,2009.